目次

Heibonsha Library

美少年尽くし

平凡社ライブラリー

Heibonsha Library

美少年尽くし

江戸男色談義

佐伯順子著

平凡社

本著作は一九九二年九月に平凡社より刊行されたものです。

第1話　女がいいか 男がいいか——『田夫物語』その一

やおいにボーイズ・ラブ（BL）……男どうしの恋物語が注目を集めるようになって久しい。だが、我が日本で同性愛が流行《はや》ったのは何も今に始まったことではない。江戸時代も初めの頃、それは現代にもまして、ファッショナブルでトレンディーな話題だった。そんな時代の男たちの会話に、耳を傾けてみようではないか。

残暑きびしいおりから、暑苦しい町中を脱け出して、川のほとりに涼を求めて散歩するおニイさん方である。こういう時、無駄話に花が咲くのはいつの世も同じようだが、今を去ること三百五十年ほど前の無駄話の話題は、ちょっと意外な流行の話なのであった。

「もうずいぶん広まってるみたいだけど、この頃、知りあいの間で、〝若衆狂い〟ってのがはやり始めてサ……」

〝若衆〟というのは見目麗しき男のコのこと。どう麗しいかはおいおいお話しするとして、とりあえず美少年を思い浮かべていただきたい。ただし、ここでそんな少年たちに狂っていたのは、イケメン俳優やジャニーズのアイドルにむかって黄色い声をあげる女性たちならぬ、男性諸氏なのである。

「日が暮れると、手足をみがきたてて、おしゃれにキメて、軒下とか草むらとか、お寺のお堂とかでいちゃついてるんだから」

薄暗くなるのを待ってましたとばかり、ピッタリと寄りそうのは男と男の二人連れ。軒下や草むらであたりはばからず、愛を語らっている。彼らは、自分たちだけで楽しむのはもったいないとばかり、友人たちにも「男の子とつきあってみろヨ、楽しいから」としきりに勧めていたらしい。

「全くどこが面白いんだか。女の方がずっといいヨな」

と軽い気持ちで言ったつもりが、聞き捨てならん、と集まってきたのが、噂をすれば影と申そうか、まさに〝若衆好き〟の連中。足も地に着かぬほど興奮し、目を血走らせて走り寄る四、五人のなかには、前髪も愛くるしい若衆《ビショウネン》もまじっている。

「俺たちのおしゃれな恋愛にケチをつけるなんて許せない」

と散歩中のお兄サンたちをとり囲み、長々とした大脇差に手をかけるものだから、ブッソウな雰囲気になってきた。

「まァまァ、そんなにムキにならないで。それほど言うんなら、女と恋するのと、男と恋するのと、どっちが楽しいか、納得のいくまで議論すりゃあいいじゃないか」

お互い、それもそうだ、と仲裁を聞き入れて、さて、恋愛論は恋愛論でも、現代人には珍しい、男がイイか、女がイイか、の論争が始まった。

これは、寛永年間（一六二四―四四）に成立したとされる仮名草子『田夫物語《でんぷ》』。「田夫者」とは字から推量されるとおり、やぼったい田舎者、これが女色派の男たちの代名詞とされていて、一方、美少年好きの男たちは、字面も華麗な「華奢者《きやしや》」、つまり、おしゃれで流行に敏感な面々、ということになっている。男色研究の大家・岩田準一が『男色文献書志』（一九五六、昭和三十一年）で、男色・女色の優劣論の草分けかと記すこの物語の論争とはいかなるものであったか。

第一ラウンド。美少年に首ったけの、男色派の男たちの言い分は――

「美少年との恋愛のおしゃれなことといったら、身分の高い方々のもっぱらの趣味で、春風になびく柳みたいに優雅な姿の美少年に、思いっきりキラキラの衣装を着せて、金銀をほどこした刀や脇差をささせて、あちこちの花見、月見にと連れ歩く。そういう時の美少年って、行き交う時の袖の風情とか、ふわっとした匂いとか、どこをとってもステキだし、道すがら、詩歌なんか口ずさんでるのを見ると、なんておしゃれでカワイインだろう、と思ってしまう。そんな優雅な場面に、いやしい女の手なんかひいて、連れて歩けるわけがない」

のっけからズバズバ言いたい放題。連れて歩くのにイイ女・イイ男という判断基準を、恋愛相手を品定めするチェック項目のひとつにする人は今もあろうが、ここで男たちは、キレイな女よりも、キレイな男のコを連れて歩く方がおしゃれだと主張している。〝若衆好き〟の最大の優越ポイントとして、おしゃれ度、ファッショナブル度、を前面におし出してきたわけである。「いやしい女」なんてサラリと言ってのけて無事でいられるのはいかにも江戸時代で、今なら断じて許されないが、肉食女子に圧倒される草食男子も増えたとされるこの頃、「そうか、美少年という手もあったか」と作戦転換する男性がふえるのか……。いや、女の側も、いつまでたっても男が女の色気ばかりに吸い寄せられてくると思うのは大きなマチガイかもしれないので、ヘテロの女子としてはウカウカしてもいられない。もっとも世の男性諸氏がこの〝若衆好き〟にめざめれば、女性へのセクハラも減るのか――いや、被害者をすりかえても問題解決にはならないのは言うまでもない……。

さて、次に男色派がもちだしてくるのは、経済的問題。

「遊女狂いでバカ者、愚か者と非難され、親や主人に勘当されて、金に困った挙句、盗みをして身をほろぼすのはよくある話。でも、若衆狂いでそんな話は聞いたことがない」

遊女との恋は、客としての手続きをふまねばならぬから、当然ながらお金がかかる。往々にして金銭的なトラブルを引き起こし、それが引き金になって心中という例もままあった。ここで注目されるのは、〝若衆狂い〟と対比されているのが〝遊女狂い〟であることで、商売上の恋とそうでない恋との区別が不明瞭になっている。遊女以外の女性との恋が視野に入っていないのは問題だが、とりあえず、ひととおりの言い分を聞いておこう。

「それに、誰かの愛人とかいわれる女を見れば、だいたいがむさ苦しい身なりで、顔つきもパッとしなくて、足にはひびやあかぎれ、それが人中で自分の親しい男に会うと、見苦しいことに、人目もかまわず媚び笑いをする。おまけに子供ができて誰の子だなんて言いあうのもめんどうじゃないか」

最後にもってきたのが姦通問題である。現代の結婚外の愛人といえばここに記されているようなみじめさよりも、高価なマンションで優雅に暮らしているイメージもあるが、どんな暮らしむきであるにせよ、子供の要素は、男女関係にはつきまといがちである。美少年好きの面々は、子供の〝心配〟がないことに男色のメリットをみいだそうとする。

おしゃれを気取る割にはなかなか毒舌な若衆好きの人々。女性との恋をよしとする側は、どう応じたか。

「そりゃあ、大名高家といった身分の高い方々の趣味の世界に限っていえば、おしゃれで優雅ということもあるだろう。十四、五くらいのキレイな男のコを着飾らせて、五人、十人と回りにはべらせたら、楽しいかもしれないナァ、確かに……」

美少年派の先制攻撃に押されたか、相手のペースにあやうくはまりかけたものの、かろうじてふみとどまり、反撃に出た。

「でも、それはあくまで少数の世界の話。この頃世間に流行っている〝若衆狂い〟の実態をあばいてみせようか」

このあとに続く言い方は、男色側の毒舌に負けず劣らずの迫力である。

「君らの相手にする〝美少年〟ってのは、美少年どころか、顔は浅黒く、首筋や額に垢がタマって、爪ものび放題、髪はバサバサ、おまけに虱《しらみ》がはっていたり、でき物ができて身体から臭いがしたりしてる。そんな少年《ガキ》どもをつかまえて、筵《むしろ》の上に横になり、木の枕を並べて、「死ぬ時はいっしょヨ」なんてささやきあって、とても見ちゃいられない。男のコの方もずいぶん欲の皮のつっぱったのが多い。本当はつきあいたくもないクセに、扇とか手拭をあげる、という言葉につられて、年上の男の言いなりになり、眉をひそめ、口をゆがめて尻の痛みをこらえてるなんて。あげくの果てに痔になって、歩くのもままならず、がに股で杖をついて、よろめいてるところを親にみつかって、「どうかしたか」と言われても答えられるわけもなくて、顔を赤らめてるだけ。なんとも可哀そうな有様じゃないか。温泉に入って治そうとしても治らずに、一生の病になって、その頃になって後悔しても遅いんだから」

当事者たちの言うようなきれい事ではすまされない、当時の男色の裏側が、まざまざとつづられている。

さきの男色派の男たちの発言では、女と恋愛を楽しむには遊廓に行って遊女を買わねばならず、度を越すと世間の非難の的となり、経済的破綻もきたすのに対し、美少年と恋愛するにはそのような心配がない、と主張されていた。だが、若衆と彼らを好く年上の男たちの関係は、自由な恋愛を謳歌しているようでいて、実のところ、男に愛されることが趣味でない少年たち、おしゃれどころか、身体を清潔に保つこともままならぬ貧しい少年たちが、扇や手拭といったわずかなごほうびほしさに、苦痛に耐えて、したくもない行為をしているといった実態がみえている。これは、男女は変われど、報酬とひきかえに客に身体をまかせる、性の商品化の構図に他ならない。それも、かなり悲惨な状況での。実のところ、商売上の恋は、遊廓における男女関係のみでなく、男と男の関係もむしばんでいたのであった。

女色派の男たちは、さらに追いうちをかける。

「聞くところによると、美少年と、その年上の恋人は、他の男に浮気するな、もちろん女の恋人も作るなと誓いあって、血判を押しているそうじゃないか。どこがおしゃれなもんか。荒っぽいことときわまりない。それに、遊女狂いで身をもちくずすと言うけれど、この頃は若衆歌舞伎とやらが盛んで、お坊サンばかりでなく、一般人もずいぶんお金をつぎこんでるじゃないか。遊女狂いとおんなじことだ」

若衆狂いの美意識の砦を実態暴露で切りくずした後は、優雅さとはほど遠い血なまぐささが男の恋にはつきものだ、と反論する。この血のにおいは、男女関係とは異質な美意識へむから男色にとってプラスの要素ともみなされ、第13話で明らかになるが、ここでは〝若衆買い〟という少年の性の商品化が、遊女と肩を並べる勢いで台頭してきていることに注目しよう。男にも女にも、性を買われる危機は存在する。人間のあくなき欲望は、少年であろうが女であろうがかまわずエジキにしてしまうのだ。

　そしてもうひとつ、僧侶の男色が自明のものとして、アッケラカンと語られているのも特徴である。この点に関して、女色支持の男たちは、ひき続き当時ならではの論陣をはる。

「お坊サンが男を好むのは、浮世に執着しないように、子供を作るのを避けるから。本当は男より女が好きなのに、れっきとした職業上の理由から男を相手にしてるんで、一般の男が男を好きになるのは、いわばお坊サンの相手を横取りするようなもの。お坊サンの邪魔をするなんて大きな罪つくりだゾ。君たちが出家するというなら話は別だけど、出家しないままでいるなら、それにふさわしい恋の道を選ぶべきだと思うね」

　なんともマカ不思議な論法で、我々現代人の耳には素直に納得してよいのかどうか、頷きかねる発言ではある。男色そのものを否定しているのではなく、僧侶の世界に限っては、むしろ肯定しているわけで、ここに至って男色支持者と女色支持者の主張は当然ながら（不本意ながらというべきか）重なってくる。話題が僧侶の世界に及んだのは、男色派の男たちにとっては、まことに願ったりかなったりというところで、彼らは反論のきっかけをつかまえた。

「仏教では女を嫌って、様々な教えを説いている。五戒の一つに邪淫があるし、女に執着すると地獄で針の山に貫かれる。一日に地獄に落ちる一万人のうち、男は二、三千人だが、女は七、八千人ということだ。女が悪人であるという証拠に、一角仙人が神通力を失ったのも、久米の仙人が空を飛んでいる最中に落っこちてしまったのも、女の色香にまどわされてのことである。そんな悪人を好きになったりできるものか」

宗教的な女性蔑視が凝縮されている一節である。性を現世的欲望として否定しようとする時、欲望をそそる女がイカンのだ、と女性蔑視に短絡的につなげてしまう男性視点の発想があり、これが男色の正当化にまんまと利用されている。同じ淫欲でも、女はケガレているからダメだが、男ならイイというわけで、女人禁制の男の砦・高野山は、当時その道の人々からは、その意味での総本山という信仰（?）も勝ち得ていたのであった。

男なら許されたのは、女色派がいみじくも語ったように、子供の生産につながらないという理由もあろう。俗世では祝福される子供の誕生も、出家の世界では、現世への執着の源泉として否定される。

「子は三界の首枷《かせ》というではないか」

と男色支持者は勢いづく。確かに、ふだんは冷静な人間が自分の子供のこととなるとついムキになってしまうこともままあり、親子関係はほほえましい絆である反面、迷いのもとという一面もある。後者の立場に立って子供を否定すると、子供を産む女性という存在もついでのように否定的評価を受けてしまう。

「子供を産みそこなって死んだ女は、血の池に沈むというではないか」と男色側の男たちがつけ加えるのも、子供と女性の否定が合体しているからである。

こうして、おフザケの裏に実は深刻で多様な人間観の問題をはらみつつ、男か女かの論争はあきもせず続いてゆくもようである。

第2話　少年老い易く……――『田夫物語』その二

男色と女色とどちらが楽しいか――男たちの舌戦は第二ラウンドに入り、いよいよ熱がこもってきた。男色支持者の美少年賛美で幕をあけた論戦は、やんごとなき宗教の世界にまで突入してしまった。仏教を利用した女性蔑視に基づいて、男だけで固めた愛の世界を奨励した男色派の面々は、

「お釈迦様にも阿難《あなん》、孔子にも顔回《がんかい》という美少年の恋人がいたんだゾ」

と、もったいなくも仏教と儒教の開祖様を男色趣味と説く始末。エライ人もやっていたんだ、という論法も、ここまでくればアッパレというもので、女色派たちも口をアングリあけながら、ついまじめに応戦してしまう。

「別にお釈迦様が女を嫌ったということはない。出家前にはちゃんと奥サンもいたし、息子

だってできた。孔子にも子供はいる」

歴史的事実をつきつけてから、宗教空間の女人禁制を、女色派流に解釈してみせる。

「寺で女を嫌うのは、女があまりに魅力的で、人の心を深く悩ますからだ。もし色白で、肌もきめこまやかな十六くらいの美女を、高野山や三井寺に大量に送りこめば、どんな坊サンだって修行はそっちのけで、還俗してしまうに決まってる」

なるほど、女の乳房にふれても、最初は何をさわっているのかわからなかった鳴神上人が、コロリと美女の色香にまどわされてしまったように、もしこういう〝実験〟をしたら、多くの僧侶が〝破戒僧〟になってしまうだろうか――。誠実な仏教関係者の方には実に失礼な女色支持者の口ぶりだが、そもそもユーモアをねらった仮名草子であるゆえご容赦願いつつ、彼らの議論は、宗教における性的欲望の否定とは何なのか、という問題にせまっている。

もし欲望自体を煩悩としてたち切りたいのなら、女はダメだが男は許す、というのは明らかに欺瞞である。女のかわりに稚児でまにあわせるというのは、結局、女性を相手にしているのと同じことで、実のところ仏の道にそむいているのだ。さすがに『往生要集』の源信は、そういうごまかしを許してはいない。

「男の、男において邪行を行ぜし者」は、身体が幾度となく焼け落ちる苦しみを受け、おそろしさに逃げようとすれば、口から炎を吐く鳥や狐に食べられる、と『往生要集』は説く。なにしろ、大小腸は毒蛇のわだかまりだとか、骨の組み合わさった様子はボロ屋のようだとか、人間の肉体をすみからすみまで、おどろおどろしい形容で「不浄」なものだと述べたあと、「だから、女と男の愛欲なんてムナしいんだヨ」と、肉体と性の否定を徹底して説いた源信サマである。男どうしなら淫欲は許す、などという生ヌルイ態度に出るわけがなかった。

そんな源信サマの意に反して、「日本に男色がさかんになったのは、弘法大師が唐からお帰りになってからだ」などと、江戸の巷では弘法大師が男色の開祖であるかのように祀りあげられており、一方、女色派の男たちは、女に愛欲の責任をおっかぶせ、女を遠ざければコト足れりという発想のずるさというものを、鋭くついているのである。

「久米の仙人にしても、女が陥れたんじゃなくて、男が自分の方から心を動かしたんじゃないか」

こう素直に認める男というのが案外少ないので、女は魔物だ、悪女だというイメージがタレ流されてしまうわけだ。逆に、〝邪悪な女〟のイメージの成立もあながち男だけの責任ではなく、それを楽しんでしまう女性も一部にはいそうだが、江戸時代初期という時代にあって、あたかもフェミニストの草わけのごとき女性弁護の発言が、男色との対抗でひき出されてくるところが興味深い。

同時に、女色派の男たちが女性と子供の存在をあわせて肯定するのは、男色との対比上、必然のなりゆきであった。

「親は本で、子孫は末である。ところが世の中の人が皆、若衆を好きになって、子供がいなくなってしまえば、親も子もなく、そもそも世の中というものが成立しなくなって、儒教だの仏教だのと言ってみても始まらない」

しかつめらしく、儒教道徳から説きおこす。男色派とは対照的に、女色派にとって子孫というものは、社会を現実的に成立させる基盤として欠くことのできないものである。なにしろ人間が存在することなしには、やんごとない仏の道を説こうにも、説く対象がいないのだ。そこで子孫を絶やさぬようにするには、子供を産む女性は必要だし、その女性と子供を作るためには……というつながりで、男女の恋を肯定に導くのはいかにもたやすい。

こうした、人類の存続、種の絶滅の回避という意義に加えて、優秀な人材の生産という側面からも、女色は肯定される。

「釈迦も、孔子も、その他の仏たちだって、みんな女から生まれたんじゃないか」

もしここで田夫者の面々がキリスト教を知っていたら、当然「キリストも」とつけ加えたところであろう。確かに、聖人の母たちは洋の東西を問わず尊重されているし、キリストの母マリアに至っては、男性ぬきで懐妊したことになっている。女性は、偉大な息子という〝子の七光り〟によって聖女とあがめられることがある。

このあたりから、田夫者の女性弁護の限界がみえてくる。というのも、女性の存在価値が母であることに限定されてゆき、女性を恋の対象とすることの意味に意見が発展してくれないからである。当時の男たちにそこまで要求するのは無理なのか……。

実のところ、表面的には男色派を言い負かす正論をふりかざしているようだが、女性を弁護するかのような田夫者の内にも巧妙な論点のすりかえがあるのだ。〝若衆狂い〟が〝遊女狂い〟と比べられているように、当時の男たちが女との恋を考える時、主に想定されるのは遊女との関係である。ところが遊女たちといえば、恋の手練手管は訓練されていても、子供を産むことは原則としてタブーであった。商売女が子供を宿してしまうのは恥であり、避妊に失敗した場合、残酷な堕胎を強要されることもあった。それなのに、女性の存在価値を認めさせるためには、子供を産む立場の女性たちをひっぱってくる。この甚だしい自己矛盾に、当事者たちは気づいていない。どうも女色派の男たちの女性擁護の口ぶりは、女性と恋をする楽しみよりは、男からみた〝使用価値〟ともいうべきものにかたよりつつある。結婚における女性の役割も、同じ路線で浮上するのである。

「子供の第一のつとめは孝、つまり親孝行なのに、もし親たちがつてを頼って、この人、という女性を結婚相手に探し出してきた時、「私は美少年が好きだから女はいらない」といって親が喜ぶかい。かといって、親の機嫌をとるために女を嫁にとったら、〝若衆好き〟の資格はないだろう。そんなことをしたら、恋人の美少年にも顔むけできないし。はれて女と結婚し、近所の人や親戚をよんで披露する、これこそが人の道というもので、親が納得して若衆を嫁にとったなんて話は聞いたことがない。ましてや、親戚がそんなことを喜ぶわけがない」

嫁をとるのも親孝行のうち、というわけだ。何のことはない、女性は社会的体面を保つために結婚させられるということだ。女性との交際の楽しみを説いてくれるかと思いきや、親だの親戚だのといった体裁から、結婚に特化して男女関係を正当化するのみ。恋愛結婚という近代的概念が存在しない当時の結婚のあり方の反映でもあるが、こんな結婚は女性にとっても面白いわけがなかった筈だが。

なにしろ儒教道徳をひっぱってきて、それに頼っているのが田夫者たちの限界というもので、フェアな女と男の恋愛の楽しみなんて語れやしない。いかにも〝やぼったい〟連中の考えつきそうな保守的意見ではある。おしゃれを自負する華奢者たちとしてはここを攻めない手はなく、

「親が決めれば、気にくわない女でもいやおうなしに結婚しなきゃならない。ただでさえ短い一生だっていうのに、ちょっとの間でも気にいらない相手の顔をみてすごさなきゃならないなんて、つまらないじゃないか。その点若衆は、自分で本当に好きな人を選んで、お互い納得した上で交際できるんだから、これほど楽しいことはない」

――美少年趣味は、個人の感情を度外視した当時の結婚習慣から脱出する手段としての、アダ花だったのだろうか。

いや、そもそも〝純粋な恋〟などというものはいつの世も手に入れにくく、あるとしても、田夫者のいうような〝世間的にマットウな生活〟とはおりあいが難しいのかもしれない。今でもそれは、芝居だのTVドラマだの、商品化された幻想によってしか、満たされにくいものなのかもしれない。〝純愛〟ブームがドラマや映画で流行した二〇〇〇年代初頭、いざ結婚となるとバブルの名残の〝三高〟男を求めるお嬢サンたちもままあったものだ。結婚とは多かれ少なかれ現実感覚のしがらみを逃れにくいとして、男色派の男たちは、俗世間とはか

け離れた境地を強調すべく、男女の結婚をことさら俗的なものと説きたがる。田夫者、華奢者という対比の含む意味もそこにある。田夫者が、世間体というしがらみにとどまっているのに対し、華奢者はそこから飛翔して、異次元に遊ぼうというのだ。

「たとえば、花も紅葉もさかりは少しの間で、散りやすいからこそ人は愛する。美少年もそれと同じだ」

「少年老い易く……」といわれる通り、美少年も年老いる。成人して筋骨隆々とした大人の男になってしまったら、〝少年〟の看板はおろさねばならぬ。

だからそもそも美少年愛とは、生活などというヌカミソくささとは無縁のところにある、いや、そこから脱出して夢を見たいからこそ美少年を愛するのだと、華奢者たちは説く。

『色物語』にいわく、

そもそも此道《このみち》（＝男色。引用者注）といっぱ、漢土・日本にて始まりたるにあらず。忝《かたじけなく》も天竺にて、釈迦牟尼仏、煩悩の道をきらひ、妻子の執念妄想を絶《たち》たまひてより、若衆の道は始まれり。

僧侶の世界で女性を遠ざけるのは、禁欲という理由のみならず、妻子という生活のしがらみを断ち切る意味もあるとされた。性欲否定というよりも、俗世間の生活単位を捨て去る宗教的意味によっても、男色は正当化された。

『色物語』は、『田夫物語』より後の寛文年間（一六六一—七三）に成立したとされる、やはり男色・女色の優劣論なのだが、ここでは弘法大師どころか、お釈迦様その人がインドで男色の道を開かれた、などとうそぶかれている。日本、中国にまさる権威づけを求めて、なんと男色の発祥は、仏教の源、インドにまで飛んでしまった。

釈迦が美貌の后を捨て、王宮を忍び出て難行苦行の末、ついに悟りを開き、やがて仏教がインドから中国、日本へと伝わるようになったのも、ひとえにお釈迦様が煩悩の道を戒められ、男色にいそしまれたおかげ。従って、

仏道・衆道の二つは、一つ欠けても、一つはたたず、車の両輪のごとくにて、貴僧高僧もろともに、女を捨てて、衆道を好き、執着を除く故にこそ、悟を開く助けとなる。

仏教と男色とは、どちらが欠けても成り立たず、車の両輪のように不即不離の関係をもっ

て「悟り」を支えているという。家族と日常世界。それに対置される男色の空間。現世的生活の放棄と悟りとの結びつき。

　けれども、こうした江戸の男色の俗世間離脱の方向とは全く逆に、〝世間並〟の居場所を認めてほしいという動きが、近現代では主流であり、例えばアメリカの演劇『トーチソング・トリロジー』(ハーヴェイ・ファイアスタイン、一九八一年初演)では、愛する男との共同生活を営もうとする主人公と、それに抵抗を示しながらも、徐々に理解する姿勢に傾いてゆく母親、二人の親子の会話がリアルに描かれている。

　女と男が一対一という単位で同居し、子供を作って「家族」を成立させるという社会〝常識〟からはみ出たものとして位置づけられがちな男どうしの愛に、男女のカップルと同じ市民権を認めよという主張。男と男の愛もまた、それ以外の多様な愛の形も含めて、恒常的に共有される日常生活を求めたい。一過性の束の間の夢のような恋ではなく、〝永遠の愛〟という理想を願う――。日本の男色者の中にも、そんなほほえましいカップルはあった。井原西鶴の残した男色百景『男色大鑑《なんしょくおおかがみ》』(一六八七、貞享四年)には、終生女の恋人を持たず、共白髪までそいとげた男二人のエピソードが残されている。

　玉嶋主水《もんど》と豊田半右衛門という福岡の武士のカップルは、主水が十六歳、半右衛門が十九歳の時からつきあい始め、主水が六十三歳の老人となっても、変わらぬ愛を抱いたまま同棲していた。「これぞ男色の手本」と西鶴は誉め讃える。

散りやすいからめでる、という人。いやいや、一生変わらぬ愛を貫く、という人。男色の世界にも、〝あれも愛、これも愛〟という多面性があった。

しかし共白髪はむしろ例外で、江戸の華奢者たちの多くは、永続的なパートナーシップを理想とはしなかったようだ。当時の結婚習俗が個人的感情よりも家重視であったため、もともと結婚生活というものにサメていたから、そんなところに男の恋の希望を求めはしなかったらしい。

「君らの間で、妻がいながら美少年をかわいがってる奴がいるけど、そういう人が妻子を置いて若衆に家を継がせたなんて話は聞いたことがない」

男色を批難する田夫者の言い分を聞くと、江戸の男たちは家族をキープしながら、一方で美少年たちともウマくやっていたらしい。

生活派の田夫者と、俗世間離脱の境地に遊ばんとする高踏派の華奢者と、論争は五分と五分。お互いにゆずらぬ戦いぶりだが、さて最終ラウンドではいかなる結着がつくことか……。

第３話　破滅にむかう美学――『田夫物語』その三

女性と関わるのは、世帯をもち、子供を作ってカタギの生活と子孫を確保するため――男色より女色が面白いという男たちの主張は、次第に所帯じみたものになり、美的生活を追求しようとするオシャレ派の華奢者たちとの対立があらわになっていた。美女よりも美少年の方が美しい、という自分たちの美意識に対する、華奢者たちの自信と誇りのほどもうかがえる。彼らは勢いにのり、田夫者たちが砦とする〝平穏な日常生活〟を、女は維持する者ではなく、むしろ破壊するのだと言いつのる。

「女ほど悪い奴はない。国を滅ぼし、家を破る大敵だ。というのも、殷《いん》の紂王《ちゅうおう》は妲己《だっき》という女にいれあげて遊びほうけていたばっかりに国が滅んでしまったし、唐の玄宗は、楊貴妃を溺愛したために、安禄山の乱がおこって国が乱れた。日本でも、保元の乱の原因は、美福門院が自分の子を天皇にしたためだし、力寿《りきじゅ》とかいう遊女は、自分の愛人だった佐藤忠信を裏切って敵に討たせたりした。こんなふうに、とかく女はよこしまで、夫のことを思わない」

中国や日本の故事を思いつくかぎりひっぱってきて、〝実証的〟裏付けをとろうとするところは、なかなか周到である。といっても戦乱の原因をことさら女に求めて、つまるところは、はじめのうちにひきあいに出した、一角仙人や久米の仙人の例と、言っていることは大差ない。一角仙人も久米の仙人も、女の魅力にフラフラとなったがために神通力を失ったとされるのだが、華奢者にいわせると、男が心を動かされたという部分はタナに上げられ、女が一方的に悪いということになる。一角仙人の場合は、確かに「色じかけ」の意図があったかもしれないが、川でただ洗濯していた女は、なにも久米の仙人を空から落っことそうとして脛をみせていたわけでもないだろうに。ここでも同じ論法で、女に溺れた王たちに責任はなく、ひたすら女性のせいにされてしまうのである。

もっとも、美女の方も美女の方で、合意の上で身をまかせておきながら、イザとなると一方的な被害者意識をフリ回すケースもないともいえず、いずれにしてもどちらかに色と欲との責任を全面的にかぶせようとするのは、泥仕合でいただけない。田夫者の面々はこういう問題になると、華奢者とは対照的に、妙に悟りすました口ぶりになる。

「女が国を破り、女のために家を失うというのも、女道《にょどう》があまりに面白いからで、ちょうど、金がありすぎてかえって災難にあうようなものだろう」

色欲も金銭欲も、満たされすぎると痛い目をみると、田夫者たちはその名に違わず、〝それなりの生活〟に安住しようとする風情である。なにしろ田夫者というのは、平和なフツウ人たることをよしとする。実はそれこそが、最も手に入れにくい〝宝物〟かもしれぬのだが。

平穏な日常生活にアイデンティティを見出す人々と、はかなくあやうい美少年の非日常的美にこだわる連中と、どっちの生き方も認めればいいといえばそれまでなのだが、ここは論争だから、美少年好きの男たちは、あくまでも〝若衆萌え〟の優位を主張してゆずらない。

「そもそもわが道、衆道というものがいかに頼もしいかを聞かせよう。昔、中国に、ある帝《みかど》とその寵愛をうけた少年がいた。二人とも錦《にしき》の布団に寝ていたところ、帝がふと起きようとして、その少年が自分の袖を敷いて横になっているのに気がつかれた。帝は少年の目をさますのを恐れて、剣を抜いて自分の袖をお切りになった。少年はこのことをとてもありがたく思って、帝が亡くなられた時には死んでお伴をしたのだ。これこそ、中国と日本を通じての殉死の初めだと言われている。それだけでなく、戦いの際に陣中で敵を防いだり、主君の御最期にお伴をするのも、多くは寵愛をうけた少年たちだ。こういう頼もしさこそ、男色の美徳だ。それにひきかえ、女が国を治めたり、御最期のお伴をしたなんて話はちっとも聞いたことがない」

男色の美学は殉死の美徳と結びついて、新たな精神的価値を主張しはじめた。女をまじえぬ男だけの結束によって、緊密な主従関係が構成される。そこに作用する結束力は、肉体関係を伴う愛なのだ。しかも、同質な者としての集団の結束力を高めるために、女を異分子として排除する。ここに女性排除の新たな側面もみえるわけである。尊敬する人物を排除するというのも理屈にあわないから、どうしても、女は卑しいもの、能力的に劣っている者として排除されるはめになる。だから、女は男のような統治能力がないとか、殉死するほどの勇気もない、といった女性差別的発言が導かれてしまうのである。

なりゆき上として、ここは一番、田夫者たちが女性弁護を展開して下さる。

「天下を治めるのは何も男だけとは限らない。中国には則天武后がいたし、日本にも尼将軍、北条政子がいる。それに、女には戦功があげられないような口ぶりだけど、神功皇后の三韓征伐とか、木曾義仲の妻の巴御前はどうなんだ。自分から戦場に出て、しっかりと戦ってるじゃないか」

田夫者がこれまで主張していた女性の価値は、男性から見た女性の〝使用価値〟とも言うべきもので、実質的には華奢者と同じ男性本位の女性観を言いたてていたようだったが、今回はどうやら、少しはマトモに女性の能力を評価しようという方向になっている。題材は伝説的な例もまじっているが、今ならイギリスの故・サッチャー元首相など著名な女性政治家や経営者の名を手あたり次第くっつけたことだろう。

また、死に対する勇気の点でも女性は男性に劣らないと言うために、田夫者たちもひとつのエピソードをもってくる。

「中国で、ある女が帝に言いよられたが、臣下の妻だったので、帝にはなびかなかった。帝はくやしがって、その臣下の鼻を切って見苦しい姿にしたのに、女は「私のためにそんな仕打ちをうけて可哀そうに」とさらに夫を慕った。帝が「男が生きているからいけないのだ」と、とうとう水に沈めて殺してしまったら、女は恨み悲しんで、自分も身を投げて死んだという」

死を恐れぬ「頼もしさ」と同時に、妻の貞操の固さを証明しようとしたのである。これは、その前に華奢者たちが、

「貞女は両夫にまみえずというのに、イマドキの女たちときたら、亭主が死んだら、すぐに

十人のうち九人は新しい男を作る」

とけなしたことに対する反論にもなっている。貞操については日本女性の例としても、『源氏物語』の空蟬、『平家物語』の遊女・千手、『仮名手本忠臣蔵』の塩谷判官の妻・顔世御前《かおよごぜん》といった、夫の死後、出家した妻や恋人の名を列挙し、田夫者たちは、

「女だって十分しっかりしていて頼もしい」

と主張するのである。

ここで両者の間で問題になっている「頼もしさ」というのは、死をもいとわぬ強靭な精神力と共に、一度結んだ関係への忠実性を意味している。「両夫にまみえず」というと、何かまたしても儒教的色彩を帯びてくるようだが、儒教道徳をぬきにしても、自分が一旦特定の恋愛相手を決めたら、やたら浮気をするべきではないという倫理観念は、男女を問わず内的道徳律のような形で存在していた。それは、異性間の問題という次元をこえて、ひとつの関係を守りぬく意志の強さの証明であり、むしろ男と男の恋愛関係において、この〝貞操〟は美徳として称賛された。男色は自由恋愛といいながら、決して無節操な恋が肯定されたわけではない。そこには「二君にまみえず」の武士道精神が付加されて、独特の倫理観念が形成されていたのである。殉死はこうした不変の恋愛感情の最高最大の証明手段だったことをあ

らためて第16話で明らかにしよう。

男の男に対する〝貞操〟観、女の男に対する貞操観、どっちが強いかと競われる中で、男の女に対する〝貞操〟が全く問題にされてこないのは、当面の論争とはポイントがずれているからであるにせよ、明らかに男本位の議論の限界ではある。

そもそも、遊廓通いだのお妾さんだのは、男にとってアタリマエとされていた時代にあって、恋の相手の女＝遊女、結婚相手としての女＝妻、の二分法を前提として議論が進められているゆえに、こうした偏りも生じてしまうわけだ。現代女性としては、まずこの大前提に異議を申したてたいところだ。だがこの偏りゆえに、恋愛相手としての男女論が、いつのまにか恋愛を切り離した男女そのものの優劣論に移行してしまうところが、この言いあいの、当時としての興味深さにもなっている。つまり、恋の相手としての価値は認められないでいながら、女性の存在価値を主張したい時には、妻の存在が浮上してくるのである。

「年とって、頭はまっ白、顔は皺だらけになった女と、がまんしてずっと夫婦でいるなんて、さぞつまらないだろうに」

と毒づく華奢者に対して、田夫者は言い返す。

「年とるまで女と一緒にいるのも、女が頼もしいからだ。妻や子供をさしおいて、家の財産を若衆に預けたという話も聞かないし、自分が死んだ後のことを妻に頼むのも、女がそれだけしっかりしているからだ」

女性全般について言われていたはずの「頼もしさ」が、ハウス・キーパーとしての妻の〝頼り甲斐〟にすりかわる。何のことはない、また男からみた〝使用価値〟の話か、と批判するのはひとまずおいて、ここではこうしたやりとりから、女との結婚＝安定した生活、美少年＝趣味の世界、という対立がより鮮明になっていることに注目したい。

「君らのいう若衆《ビショウネン》は、その場その場のなぐさみものになるだけで、そのうち飽きてしまうものじゃないか」

これに男色側が反論できなかったのは当然であった。だって男色派は、若衆との恋の一過性にこそ、独自の美意識をみいだしていたのだから。

こうした江戸の美少年趣味一般の傾向からすると、男色が生活維持型よりも破滅型に走ることも頷けよう。

「女だけじゃなく若衆が国を滅ぼすことだってないわけじゃない。いや、むしろ僕らに言わせれば、女以上の国の大敵だ。大名の家には、代々その家に仕えてきた家臣がいるものだけれど、主君が若衆を寵愛するあまり、古参の家来をないがしろにして、若衆と家臣の間に争いがおこって、国がつぶれることも最近では珍しくない」

傾国の美女ならぬ〝傾国の美少年〟というのも江戸には存在し、美少年は確かに破滅派としての一面をもっていた。

『色物語』にも、

「このところ美少年が栄華をきわめるあまり、大名たちのなぐさみものになって、昔から忠節をつくしてきた家臣をおしのけて大きな顔をしている。主君の気にいったお小姓ともなれば、親類縁者までが厚遇されて、だんだん代々の家老まで低く見るようになってしまう。家老は、うわべは平気な顔をしていても、内心イラついているから、小姓の方は小姓の方でそれに敏感に気付き、謀《はかりごと》をめぐらして家老を讒言《ざんげん》し、失脚させてしまったりする」

と、女色派は実感をこめて詳しく語る。美少年の一族までがはぶりよくなる話など、まるで「長恨歌」の楊貴妃ばりである。男色が封建体制の主従関係を堅固にするどころか、逆にマイナスに働くこともあったわけで、何事もプラス面ばかりとはゆかないものだ。

男であれ女であれ、美しい者はとかく争いの種になる。これで五分五分とすれば、どちらがより不都合が大きいかというと、「天下を取る人や大名に、お世継ぎがないのは困りもの」と、子供ができない男色の方が分が悪いということになる。なぜなら、家を重視する当時の価値観にてらせば、特に権力者にとって、支配権の存続のために子供ができないのは死活問題だったからである。

「自分一人のことならいいけど、たくさんの侍をかかえた大名がそんなことになれば、皆が浪人になって路頭に迷ってしまうし、天下を治める人がいなくなれば、世の中は乱れてしまう」

誰がどういう形で継ぐにせよ、子孫がいなくなれば、支配する者もされる者も存在しなくなる。華奢者側の旗色が悪くなってきたところで、田夫者たちは一気に詰めに入る。

「そもそも我が国は神国なのだ。イザナギ、イザナミが男女の交わりをして以来、天皇家も、武家の平氏も源氏も、とにかく世の中の家という家はすべて、若衆じゃなく、子孫があってこそ続いてきたんだ。それに、空の鳥だって地を走る獣だって、すべて夫婦の語らいをする。神々の始められた道を守るべきで、君らみたいな非道は、さっさとやめた方がいいネ」

調子づいた田夫者の舌に、華奢者たちはもうこれ以上反撃する気力も失せ、顔を赤らめていたのだった。

「夜もふけたから、またにすれば?」

間にたった男の言葉をしおに、長々と続いた言いあいは、アッケなく女色派の勝ちに終わる。メデタシ、メデタシ……だろうか⁉︎

オーソドックスな道と自認する女色派が勝つなんて、ナンダつまんない、というムキもあろう。あるいは、もしアナタが今日の華奢者だとしたら、くやしがっていらっしゃるだろうか。

しかし勝敗は時の運。ここで負けたからといって、決して江戸の男色のともしびが吹き消されたわけではない。もうひとつの男色・女色論、『色物語』の展開を、次話でたどってみることにしよう。

第4話　愉快なナルシシズム――『色物語』その一

『田夫物語』ではあえなく、女色を支持する田夫者たちに言い負かされてしまった男色派たちであったが、男色・女色の優劣論は『田夫物語』だけではない。既に何度か引用した『色物語』も、やはり男色と女色を対比して、それぞれの正当性を主張するものである。さてこちらでの軍配は、果たしてどちらに上がるだろうか。男色派たちは、見事に雪辱を果たすことができるのかどうか――。

つらつら人生というものを考えてみると、生きてゆくことほどわびしいものはない。人の生き様を見ていると、貴い人は貴いなりに、賤しい者は賤しいなりに苦しんで、いずれにしても心の安らかになる時はない。過ぎた昔をふり返り、ゆく末を思うにつけても、月日がたつのだけはなんと早いことよ。若者も時がつもれば老人となってしまう。わずかの風にも消えてしまいそうな草葉の露のようにはかない身ではないか。

オヤオヤ、これはどうも『田夫物語』の軽いノリとは全く勝手が違う。まるで宗教問答の始まりのようで、本当に色恋の話題なんぞこれからきり出されるのかと疑われそうだ。しかしご安心を。この物語は、日頃人生についてこのような感懐を抱いている男が、ある日のつれづれに親しい友人たちとよもやま話をしているうち、その中の一人が男色の話題をもち出すという形でスタートする。

「総じて人は無くて七癖というくらいで、いろいろと変わった癖や好みをもっているものだが、中でも若衆狂いというものほどやっかいなものはない。ちょっと長ったらしくはなるんだが、若衆狂いというものがいかに害のあるものか、まァ聞いてくれ」

『田夫物語』と同様、よもやま話をするうちに男色の話が出て盛り上がる、という趣向。しかし、いかに男色・女色の比較とはいえ、先行の『田夫物語』と変わりばえがしないのでは芸がない。こちらは対照的に、生真面目な人生論がイントロとなっている。

本題に入っても、『田夫物語』とは異なり、終始真面目な調子で議論は進む。

「神々の御世から、陰陽和合の道が尊いものとされている。人間もそれにならって、男女の交わりをするのが天命にかなった行動といえよう。それなのにいったい誰のせいで、こんなに世間に衆道が広まってしまったのか。十四、五くらいの少年たちが原因で、喧嘩ザタになったり、腕や足を刀でついて愛を誓い合ったり、ブッソウなことときわまりない。昔はこれほどではなかったというけれど、このところスサマじい流行で、大名たちが夢中になって、あっちこっちと美少年を求めて召しかかえようとしている。おかげであの若衆《ビショウネン》の連中ときたら、昔から忠功のある家臣をおしのけて、大きな顔をしてノサバっているんだ」

まず、痛烈な男色批判。口ぶりも真面目だが、内容も『田夫物語』のようにアルことナイことくっつけるのではなく、当時の状況に即して堅実に批判しようとしている。それもそのはず、美少年をめぐる時代状況は、ただ家臣の中で優遇される、などという単純な話にはとどまらなかったらしい。

「奢り高ぶった美少年とその一族は、内緒で謀《はかりごと》をめぐらし、家臣を讒言したりするので、アホな主君はそれを真にうけて、先祖代々の家臣といえども、知行をとりあげてしまったりする。そんなことがあると家臣たちの間も殺気だってきて、お互いしょっちゅう、ああだこうだと他人の悪口ばかり言いあうようになり、家中の秩序がメチャクチャになる。武士道をきわめるどころではなく、私利私欲しか考えず、親子兄弟のつきあいさえ損われるありさまだ」

大名たちの〝美少年狩り〟。それに伴っておこるお家騒動。まるで時代劇の筋書きである。テレビの大型時代劇でこういう話をもってくれれば、斬新で高視聴率マチガイなし、と思ったりもするが、いささか刺激が強すぎるか!?　だが当時の武士たちの間では、この問題は刺激的どころか、お家存亡につながりかねない深刻なトラブル。武家の男色をテーマにした歌舞伎『染模様恩愛御書《そめもようちゅうぎのごしゅいん》』も二〇〇〇年代に入って二度上演されているのだから、むしろ今なら人気が出そうなモチーフだが、当時の心ある武士には悩みが尽きなかったようだ。

「また、下々の侍で若衆《ビショウネン》を好むクセモノは、いつも心がフワフワとうわついていて、主君より若衆のことで頭がいっぱいだ。おかげで主君への忠節やご奉公がイイカゲンになってしまう。〝あわびの片思い〟とばかりに、おそろしいほどの情熱にかられてひたすら美少年を恋い慕い、それが表に出ると、日頃のその人とも思えないほど極端な、腕ずく、力ずくの行動に訴えるようになる。そういう男は主君や友人にあきれられて、つきあってくれる仲間もいなくなるので、だんだんやけっパチになり、近づくヤツは誰でも斬る、というほどブッソウな性格になってしまう。家中のもの全員にヘンなヤツだとノケモノにされ、やがて一人ぼっちで破滅してゆくのだ」

〝恋は盲目〟とは男女の仲だけではなく、どうしてどうして、美少年のとりこになった侍のなりふり構わぬ様子にも、鬼気せまるものがある。キッタハッタが商売だった侍たちが腕ずくに走るというのだから、これはけっこう本気でコワい（具体例は第13話以降でご紹介する）。当事者たちもその危険は十分承知していて、

「やっと盃をうかべられるくらいの小さな流れも、末は大河になるというけれど、男色のトラブルも全くそのことば通りだ。若衆狂いもはじめのうちは、それほど人目に立たない趣味ですんでいるが、そもそも若衆趣味などというケシカランものに走るようなヤツラだから、ウッカリしているうちに大いにはびこって、身を捨て家を失うほどの大敵になるんだ。だいたい、若衆なんかいくら可愛がったって、そいつらがその思いに感じて何か報いるということもない。先祖や子孫の名をあげるわけでもなく、損ばっかりで得なことなんてひとつもありゃしない」

『田夫物語』のおフザケ調とは違い、実害を縷々《るる》述べたてているので、深刻な危機感が伝わってくる。この会話の主たち自身、どうやら武士で、美少年が元凶となるお家のトラブルは、他人事ならぬ切実な心配の種だったのだ。だから男色はためらいもなく、「曲者」よば

わりされているのである。

若衆《ビショウネン》趣味なんぞに走らなければ、世の中はきちんと治まり、天下泰平。中国を見よ、と例によって中国のお話である。

「中国の帝・堯《ぎょう》は、跡つぎに舜を選んだ。舜は貧しかったが、父母に孝行をつくす徳の高い男だったので、召し出して天下をゆずったところ、万民をなぐさめ、四海の波も静かにおさまる聖王となった。これというのも根本は、夫婦の交わりが天命にかなっているために、先祖の名も高まり、子孫も繁栄して、後々の世までその徳の高さが伝わるのである」

日本でも知られた堯・舜の治世を、世の安定と国の繁栄の例として挙げ、夫婦和合による子孫繁栄と結びつける。

「これに限らず、親は子のため、子は親のために働いて、父母の名前を高める例は数知れずある。それほどめでたい夫婦の仲を捨てて衆道を好くとは、いったいどういう了見なのだ」

トーンは全く異なりながら、実質的内容は『田夫物語』の田夫者たちが言わんとしていたことと等しい。男女の関係が肯定されるのは、陰陽の道にかなっているからで、それによって天下も治まり、子孫も繁栄する。ここには、親と子、君と臣の秩序を重要視する儒教道徳の影響が如実にあらわれており、親孝行の美徳から子供の存在を強調するのも、『田夫物語』と同じ発想である。

女色の肯定といっても、女と男の自由な恋愛感情の賛美というわけではなく、ひたすら国家や家の秩序を支える単位としての「夫婦」に価値が置かれる。女はその構成分子としての妻であってこそ、存在意義があるというわけだ。一歩まちがうと、女性にただ〝産めよ増やせよ〟を強制することにもなりかねない。

衆道が批判されるのは、逆に直接出産につながらないゆえに、社会や国家の生産性にマイナスにしか作用しないという観点からである。やはり、女性との関係が生活、生命の維持という実用的側面から肯定され、その対極に衆道の世界が位置づけられているのが明らかである。

こうまで言われて、男色の支持者は黙ってはいられない。『田夫物語』の華奢者たちのように顔をまっ赤にして憤慨し、

「なんて無神経な言いぐさだ。ここに集まっている仲間の中にも、衆道の趣味をもつ奴だっているかもしれないのに、ずいぶん失礼じゃないか。衆道には徳義が多く、女よりも楽しみが多いということを、いざ、語って聞かせよう」

座り直し、居ずまいを正して真剣に反論する構えである。

「そもそも衆道というものは、日本や中国におこったものではない。かたじけなくもインドでお釈迦様が、煩悩を嫌い、妻子への執着を絶とうとしてお始めになったものなのだ」

この件《くだり》は、ちょうど第2話（二七頁）に原文を引用しておいた。まじめな男色批判に本気で太刀打ちするために、まずは、衆道が軽々しい趣味の次元とは違う、宗教的意義をもつものなのだと説きおこす。そのためにはぜひとも、お釈迦様に衆道の開祖サマになっていただく必要があった。

仏道修行には妻子への執着を断ち切ることが不可欠だから、

「貴僧・高僧はすべて、お釈迦様にならって、女を捨てて男に走るのだ」

僧侶の衆道は女人禁制の寺での欲求不満のハケロだ——などとは決して言わない。もっと積極的な宗教的動機に基づいたもので、あだおろそかに考えてはならないのでアル、とのご託宣。

「さて次には、若衆の楽しみがいかに風流であるかを聞いてくれ。美少年は生まれて七、八歳にもなると、そろそろ立ち居振舞いも落ち着いてきて、はや十四、五歳ともなれば、華やかな風情。優美に着物を着こなすありさまは、風になびく柳のようにたおやかで、紅顔にみどりの髪かたちは目をみはるほど美しく……」
しかつめらしい宗教的価値をまず説いたあとは、いよいよ華奢者との異名に恥じぬ、おしゃれっぽさをアピールしようとする。口調は一転して、美少年趣味のホンネが出たと申そうか、まるで自分の言葉に酔っているかのような詩的な熱を帯びてくる。しばしその口ぶりをそのまま味わっていただこう。

風になびく柳のごとく、たをやかなりしよそほひの、紅顔、みどりの髪かたち、目をおどろかす折にふれ、いかなる賢人、君子をさへ、ある時は恋したひ、ある時はうらみわび、あこがれ来ての行く末は、若衆もこれに魅かれつつ、さすが岩木にあらぬ身の、心弱くもなびきあひ、終に比翼の縁となり、ふたり寝の床の上、枕並ぶる折々は、千夜も一夜になさばやなど、春の雪かとうちとけて、心の底も濁りなく、語りあかしの恨みには、残る言葉をかこつにも……

ところどころ七五調になって、流れるように口をついて出る言葉はとぎれることを知らず、柳だ春だ雪だとキラキラした単語をめいっぱいチラつかせて、語り手の恍惚とした表情が目に浮かぶようだ。そう、まさに往年の少女マンガのヒロインが、目の中にお星サマをゴマンとキラつかせている世界である。

美少年の魅力にはいかなる賢人、君子もマイってしまい、ただひたすら言いよると、美少年もさすがに木石ならず、心をもった人間ゆえに、相手の情にほだされて、ついに契りを結ぶに至る。この間の経過を語る夢みるような調子は、語り手たる自分と美少年との恋の思い出をそのままダブらせてもいるのだろうか。美少年趣味の男のヒトって、自分の世界にひたってのめりこむナルシスト!?　もう少し聞いてあげよう。

契りも今は明け方の、鐘もやうやう訪れて、別れの時になりぬれば、後朝《きぬぎぬ》の袖しとやかに、いなばさらばの暇ごひ、後の朝《あした》の、文《ふみ》までも、女を愛すに異なりて、したるき事あらざれば、よその目さらに見苦しからず。

女性との逢いびきの描写より、さらに重症のナルシシズムにひたっているようで、ご勝手にドウゾと言いたくなりそうだが、このなりふり構わぬ美的情緒への耽溺が、江戸の美少年愛好者たちの真骨頂でもある。

こうした自閉的なまでに強固なナルシシズムの世界は、女という〝異分子〟を排除してこそ成立する。

「女の色香にまどわされて、袖をひいたり色目を使ったりするのは、浅はかな心の中が見すかされて、全く見苦しいものだ。それにひきかえ美少年との恋は、女に恋するのとは違って、後朝《きぬぎぬ》の文もあっさりしていて、ちっともややこしくない。ハタ目に見てもイヤらしいところなんて全くない」

『田夫物語』の華奢者たちが、自分たちの風流な世界に〝いやしい女〟なんかまぜられるか、と豪語したように、ここでも女性と関係するのは「浅ましい」とか「見苦しい」とか露骨に軽蔑されていて、男色はもっとキレイでスマートなものなんだ、としきりに女との恋との違いが強調されている。

「衆道は常に礼と義を守るものだから、見苦しく乱れることとなんて決してあり得ない」

男色派たちは自信タップリ。女の色香には際限なく惑わされて自分を見失い、見苦しい姿をさらけ出す恐れがあるが、美少年相手ではそういう心配はない。なにしろ相手も男、自分も男だから、なんとなく仲間同士みたいな安心感がある。「だって女ってエタイが知れないんだモーン」という男たちの悲鳴が聞こえてくるようだ。

第５話　ああ、主従の契り……――『色物語』その二

女はコワいが、男なら安心。女性恐怖をツッパリでおし隠し、男たちは美少年へとつき進む。

「月や花に心をよせ、移りゆく時に感じる歌人たちも、月が山に隠れるのを恨み、花の散りゆくのを悲しむもの。つまり、失われゆくものを惜しみ、永遠の美に憧れているのだ。だからこそ、心ある人は美少年に心をかけ、散ることのない少年の美しい顔をめでて楽しむのだ」

この美意識は、『田夫物語』で説かれていたのとはいささか異なる。美少年の美は、はかなく散りやすいからこそ風情があるのだ、と『田夫物語』では主張されていた。さかりが短いからこそ、一瞬の美の輝きがいやます。逆に、ここで説かれている美少年の美の価値は、

一瞬にして散るのではない持続性の方であって、この点では女性美との差異があまりアピールできなくなってしまう。そこで、

「実際、女の美しさも美少年と同じようなものではあるけれども……」

と独自の美意識を主張しにくくなって、一瞬言葉につまるのだが、

「たとえ美しさに変わりはなくても、女というものは淫欲が深くて、わずかなことでも男をねたんだりして、妄念の雲が晴れることなく、悪い心ばかりがまさって、一緒にいればいるほどよくないことだらけだ。身の破滅のもとだから、たとえ相手が美人でも決して油断しちゃいけない」

結局、人格的側面に焦点をずらして、男性優位論を唱えることになる。あの華奢者たちと全く同じ〝女性差別〟的発言が出てきてしまったが、ここではとりわけ〝淫欲の深さ〟が強調されているのに注目したい。久米の仙人や、歌舞伎十八番でも知られる、鳴神上人の話を思い出そう。女を排除するために、精神力だの知性だの、いろいろな点で女性の劣性を言いたてようとはするが、つまるところ女の何が気にさわるかといえば、男と異質ととられるセクシュアリティなのだ。

女の色香は「迷わす」もの、「乱す」もの。女の美には、美少年の美にはない危険性があ

るのだ、と男色派たちは言いたがっている。それは鳴神上人が雲の絶間姫《たえまのひめ》の誘惑に迷ったように、相手が男に限って危険性を発揮するもので、仮に久米の仙人が女性であったならば、下界に女の素足を見ても、空からオッコちるなどというドジはふまなかった筈なのだ。

あァ悲しいかな男の被害妄想！　女の美に基本的に「悪」があるならば、それは相手が女であれ男であれ発現する筈で、男相手でしか問題にならないとすれば、それは確実に、男の側の問題でもあるのだ。といっても、女の方でも、男がいかに女の〝色じかけ〟に弱いかということを知っていて、まんまと利用する手合いもいなくはないから、話はややこしくなってきて、男ばかりを批難するわけにもいかなくなる。

そもそも女の方に陥れようという意図があったのか（A・鳴神上人型）、ちっともそんな気はないのに男の方が勝手にさわいでいるのか（B・久米の仙人型）、AパターンかBパターンかは客観的証拠では判断がつきかね、当事者のみぞ知るという謎になることが多いので、世にトラブルの種はつきない。Aパターンのくせに Bパターンのふりをしてシラをきる女がいたり、BパターンなのにAパターンだと言いはって女に罪をきせようとする男がいたりするわけで、もうこんな泥沼にははまりたくない、という方々は、最初っから女を相手にしないで、転ばぬ先の杖とばかりに男に走るという逃げ道もある——というのが男色側の言い分。

『色物語』にはそうした、男色に隠された無意識の女性恐怖が見えている。

さて、そんなトラブルとは無縁とされる、男どうしの〝清い恋〟というものがいかなるものか、聞いてみなければなりますまい。

「草深き国のある君主の息子に、花よりも美しく、月よりも心の清い美少年がいた。聖人、賢者の道を好み、一方では花鳥風月に遊び、詩歌にもたくみな少年だった」

まるで白雪姫かシンデレラ姫のお話の始まりのように、完全無欠の美少女ならぬ美少年が登場する。こんな主人公が出てくると、女のコの場合、往々にして〝玉の輿〟パターンの話が成立するのだが、この美少年に思いをかけたのは、王子サマならぬ少年の身近につかえていた下僕であった。

なにしろ下僕という立場は、朝に夕に主人の身のまわりの世話をして、四六時中一緒にいるのだから、絵に描いたような美少年を間近にして、いつのまにか「花になつく蝶、水にしたしむ蛙」のように恋いこがれるようになってしまったのも無理はなかった。しかし、自分は下僕である。「思いをうちあけてこの胸の霧をはらそう」と思っても許されることではない。ひたすらモンモンとしているうち、ある日の静かな夕暮れ、下僕は主人たる美少年に突然呼び出しをうける。

「お前が私のことを好きなのは前々から気がついていた。もしその気持ちがマジメなものなら、お前に身をまかせてやってもいい」
なんという思いがけないお言葉であろうか。下僕はしばしボーゼンとして、人目も恥も忘れ、涙にむせんでしまう。
挿絵には、脇息によりかかって主人らしい余裕をみせながら〝ありがたいお言葉〟をかけてやっている美少年と、質素な格好をした下僕が左手を畳につき、右手で目頭をおさえて涙にくれている姿が描かれていて、ついほほえましくなってしまう。

落つる涙の、ひまよりも、日々夜々の物くるしき、恋慕の心うちとげて、語りよるべの新枕。互ひの心うらなくも、思ひ逢瀬の、仲となり、明ぬ暮ぬと、契りきて、昨日今日かと、過る日の、一とせなかばに、なりにける。

二人は相思相愛の仲となり、メデタシメデタシ。原文どおり、またしても七五調を駆使したメルヘン調のリズムで、男女の恋仲と同じようにむつまじい交際の様子が語られている。ひとつふとんに頬づえをついて、楽しそうに語りあう二人の絵まで添えられている。

ところがこの話はハッピー・エンド、とはゆかないのだった。〝美人〟薄命とはよくいったもの。美少年はにわかに病気になり、友人たちの看病もむなしく、あっさりと死んでしまう。まだたった十六の春であった。親族の嘆きは筆舌につくし難い。火葬にして一陣の煙と化した時には、弔う人々皆涙にくれて、西も東もわからぬとり乱しようであった。

実はここからが、物語の本題なのである。この時、下僕は心に深い決意を秘めた様子で、並いる人々に向かってきり出した。

「昔から今に至るまで、君臣の道は義をもって交わるという。私は故人に仕えて年を重ねる間、恐れ多くも故人に恋をしてしまったが、ご主人様は心やさしくも、私が恋をしていることに気づいて下さり、世にもありがたいお情をかけて下さった。これがご主人様のご恩でなくて何であろう。心にも身体にもご恩がしみわたって、何かの時には私が身がわりになって命を捨てようと決心していたのに、今はもうその甲斐もなく、現世での縁もとぎれてしまった。これ以上誰のためにこの世に生きていろというのか。もう恩も義もおしまいになってしまったから、一刻も早く死出のお伴をしようと思う」

大演説をぶったかと思うと、あっという間に切腹して果ててしまった。時に三十一歳。一年ちょっとつきあっていたのだから、ほぼ十五と三十。倍ほど年の違うカップルだったわけだが、死をもいとわぬ精神的絆で結ばれていたのだった。

　これは『田夫物語』に紹介されていた、中国の帝とその臣下の美少年との立場をちょうど逆転させたものである。かの例では、自分の目を覚まさぬよう袖を切ってくれた帝の恩に感じた美少年が、帝の死に殉じたのであったが、この場合は美少年が主人で、年上の男が下僕である。どちらの身分が上であるにせよ、仕える側が主人の愛情に感謝して、死で愛情表現をするという点は変わらない。立場が上の男性からの愛は、目下の者から見れば「恩」や「めぐみ」として把えられ、それに報いるためには、〃たとえ火の中、水の中〃という涙ぐましい忠誠を示そうとするのである。

　若衆との恋を批難した男たちは、美少年を愛しても彼らが気持ちに報いるようなことはない、と悪口を言っていたが、それは誤りで、若衆との恋は君臣の「義」と一体なのだ、と男色を弁護する男たちは具体的エピソードで証明しようとする。

　主人の後を追った下僕を見て、人々は皆驚き感じ入り、

「ああ、まことに心のこもった主従の契り……」

と、またもや涙、涙。主人の時と同じく、その場で火葬して、お弔いをして帰ったという。

「今の話でよくわかったと思うが、目下の者が目上の者と親しみ、愛情を通わせるのも衆道

だ。どうか衆道についての認識を改めてくれ」

前半の男色批判に頷きかけていた人々も、この話を聞くと、目の前に登場人物を見るように感銘をうけ、皆しのび泣きしている。ここぞとばかり、男色支持者はタタミかける。

「どうやら今の話に同情してか、皆さんお悲しみのご様子。義理でどうしようもなくなった事件を聞けば、鬼の目にも涙というけれど、もっとも、もっとも。そういえば世間でも、七人の子はもっても女に心を許すな、と言っている。たとえ女が一万人いたとしても、あの下僕ほどの賢女はいないだろう。女を慎むべし。女は遠ざけるべし」

アレ、ちょっと待って。このエピソードが〝お涙頂戴〟であったのはイイとして、それと後半の女性排斥と、どういう関係があるのでしょうか。殉死が感動モノだということと、女に心を許すな、という問題が同じであるわけがない。ところが男色弁護者は、エピソードが同情をよんだ勢いに乗じて、一気に、〝女性性悪説〟まで納得させてしまおうというコンタンである。これほど涙ぐましい主従の契りをみせる男と男の関係に比べると、女はただの淫乱で、夫にも従わず、賢明でもないと言いたいのだ。「殉死する女なんていない」と女色を批判した華奢者たちとピッタリ同じ言い分である。つまり、女の男に対する愛は、男と男の愛に比べて貞節と精神性に劣ると。

じゃあ、男の女に対する貞節はどうなんだ、やれ妾だ、廓通いだと、遊びほうけているくせにと、この会話に女が参加していたら、嫌味のひとつも出るところだが、そうか成程、世の男たちは女を低く見ていたから、女に貞節をつくそうなどという発想はハナから浮かばず、多対一の関係をあたりまえとし、逆に男どうしなら、互いに一人前の人間として認めあうことができるから、対等に一対一の貞節をつくそうという意志も芽ばえてくるということか。江戸の男たちの女性蔑視が、自ずから男女関係のあり方を貧困にしていたわけだ。明治以降の「近代恋愛」が強調した〝平等な男女間の恋愛〟、人間と人間のフェアな関係としての恋愛は、皮肉にも、江戸の男と男の恋だけには先駆的（?）に実現されていたといえる。

もっとも「主従」という側面に着目してみれば、あながち〝平等な関係〟とも言いきれない。目下の者は主人一人に愛情を集中させねばならないが、目上の者は何人男の愛人を持っていようが構わない。そうなれば、男と男とはいえ、多対一の〝不均衡〟な関係になってしまう。中国の貴人にも、『色物語』に登場する日本の美少年にも、他に愛人がいなかったという保証はない。

ただし、主従関係にない男どうしの恋の場合は、一対一の対等な関係性がはっきりとうち出されてくる。それは第8話以降でくわしくふれることにするが、「主従」「恩と義」という理念が強調されるのが江戸の男色の特色であることは確かだろう。

死をもって愛の深さを示すには、心中という手段がある。しかし、男女（特に遊女）の心中が、死によってやっと男女対等な境地になるという性格をもっていたのに対し、男の「殉死」は逆に「主従」という従属関係の最大の証明であったというのも興味深い対照性といえよう。

武士の世界の秩序を破壊することを〝実害〟として述べたてた男色批判と、主従の義を重んじることこそが男色だという弁護と、これはもうお互いに平行線でかみあいそうにもなく、議論は決裂かと危ぶまれたが、ここに敢然と、わけ知り顔の老人が登場。もったいぶったしわがれ声もおごそかに、両者の間に割って入った。

「お互いにもっともな言い分だ。といっても、物事の理《ことわり》というものをいまひとつわきまえていないから、無意味な争いをしているようじゃね。とにかく世の中には万事、道理というものがあるのだから、私の言うことを聞きなさい」

最初から人生論のような真剣味を帯びていた『色物語』の男色・女色の論争は、ここへきて一段と重みを増したように座がひきしまった。それまで興奮気味におのおの正当性を言い張っていた男たちも、老人の威厳に気圧《けお》され、思わずシンとしてその言葉を待つ。老人はおちついて一同を見回してから、おもむろに口を開いた。

「まず、男女配合《なんにょ》というものは、天地が開けた時から、人間一人一人に生まれついた道理というものである。何となれば、陽としての天、陰である地が和合することによって、木火土金水の五行が生じ、四季もめぐり来て、春は花が開き、夏は植物が成長し、秋には熟し、冬にはそれがおさまる。おさまってまた春に戻る。こうした時のメカニズムに従って、草や木、鳥や獣といった生きとし生けるものが存在しているのだ。人はそうした生きものの長として、天の理を完全に備え、陰陽の気をうけているがゆえに、夫婦もやわらぎ、交わって子供を生じる。これは天地が万物を生じ、生育する営みが永遠に続いてゆくのにならって、人も子々孫々とつらなり、天子は天下をおさめ、大小名はそれぞれの国を支配し、百姓は田畑を耕し、町人は自分の家の仕事を守り、時節を失うことなくご先祖様を祀るという営みが連綿と続いてゆくということなのだ。だから、男女の交わりの根本的意味を知らない人間は、非礼、非義というべきなのだ」

男色支持の男たちには耳の痛い話になった。危うし！　男色派はここでもまた、敗北を喫してしまうのだろうか……。

第6話　甘酒、ときどき淡水――『色物語』その三

男色と違い、男女の交わりは陰陽和合という天理にかなっている――これは、既に女色を支持する男たちがたびたび口にしてきたことであるが、老人の厳かな口調により、一層真実味を増すようにひびく。

『田夫物語』では、イザナギ、イザナミの神々の結婚が、男女の結びつきの正当性を主張する奥の手としてひきあいに出され、男色派を言い負かす最後のキメ玉となったのだったが、日本の神々の行為は、「陰陽和合」や「気」という中国由来の概念と一体化して、さらに権威づけられることとなった。

『古今著聞集』という十三世紀の説話集の中で、「好色」に関する話題を集めた部分の冒頭は、「伊弉諾《イザナギ》・伊弉冉《イザナミ》の二神婚嫁の事」と題されている。そこで女神・イザナミは「陰神」

と「陰」の字をあてて記され、二神が夫婦として交わって以来、「婚嫁の因縁」が浅からぬものになったのだ、と高らかに宣言されている。かほどに、イザナギ・イザナミ＝陰陽和合、という日中合体の思想は、日本人の「色好み」を肯定する実に都合のよい根拠（または口実）として古くから使われてきたのだった。同じ発想が、近世の男色論にまで生き続けているわけで、中国の深淵なる哲学も、とんだトコロで活躍させられているものだ。

なかでもこの『色物語』の老人は、単に皮相的に「陰陽和合」の言葉を振り回しているのではなく、きわめて整然と、陰陽五行説から人間界の秩序、それも当時の社会体制に即して天皇から武士、町人、農民に至る士農工商の枠組みを、先祖祭祀にまで結びつけて説いており、〝体制派〟的女色肯定者の面目躍如たるものがある。この調子では、「女は嫁しては夫に従い、老いては子に従い……」などと言い出しかねない勢いで、男女の仲をもち上げるのは、あくまでも体制維持のため。

「正しく男女の交わりを行なうならば、夫婦の仲も円満に、年をとるまでめでたく繁栄してゆくものじゃ。だから、天下をおさめる君子が夫婦の交わりを正しく行ない、つつしんで仁義礼智信の五常を守り、その立派な志《こころざし》を世に広めるならば、下々の者は皆目上の者にならい、天下はことごとく平和になるものなのじゃ」

どのようなご高説をたれたまうのかと思いきや、単なる分別くさいジイサンじゃないか、と聞くのがめんどうになられたかもしれない。しかし、平穏な日常生活を大切にする〝田夫者〟たる女色支持者の立場をつきつめると、結局はこんなジジむさい〝良識的〟主張におちついてしまうのかもしれない。

保守的で何の面白みもないというと身もフタもないが、さすがにこれだけ道徳の教科書風におしまくるだけあって、今までのように一方的に女性に貞操を要求するのみならず、男の側にもキチンと身もちの良さを要求する。

「世の淫乱な連中は、自分の女房にすぐ飽きて、イイ女とみると、人の妻だろうが娘だろうがお構いなく、人目もはばからずに言い寄っていく。そういう淫らな心を慎まないと、言い寄られた人妻の方も、だんだん心が動いてきて、恥を恥とも思わずに不義の道に走るので、やがて夫にも気づかれ、ついに証拠をとられて、二人とも命を奪われることが、世の中になんと多いことか」

男色派の男たちが、男の浮気はタナにあげて調子よく女の〝不貞〟ばかり批判していたのに比べれば、少しはマシというものだろうか。ただし、ここで話題にされているのは、〝女敵《めがたき》討ち〟といって、自分の妻を奪われた男が面目を保つために、妻とその浮気相手の男を二人とも殺す習慣で、近松の浄瑠璃などをみると、妻の側にはあまり気がなかったのに、結果的には相手の男と同罪になってしまうという理不尽な場合もある。どうせ男の〝淫欲〟を批判するなら、もう少し幅広くやっていただきたかった。

「淫乱の罪を犯した者は、人々に卑しまれ、憎まれるだけでなく、父母兄弟の名まで貶めるのが残念なかぎりじゃ」

田夫者たちの主張の中に、女との結婚は社会的体面を保つためだという一節があったのと同様、ここで言われる〝淫乱の罪〟が多分に親兄弟の社会的面子を意識したものであるのもいささかひっかかる。淫乱がいけないのは、あくまでも社会体制や、本人とその周囲の人々の体面にマイナスな場合に限られるので、公然と社会的了解を得ていた廓通いだの蓄妾批判には広がらないわけである。いかに「正論」を気取っていても、せっかくの男色論の中でなかなかそこまで徹底した発言が出ないのは残念である。

「もしいたずらに女におぼれると、心が乱れ、人の道に背くことになるので、君臣の秩序も無になり、国も治まることなく、民も皆、悪しき道に陥り、ついに天下を支配する力が失われることになる」

キチンと公明正大な「夫婦の交わり」をするのはOKだが、女色におぼれて国が乱れるのは良くない。全面的に女色を支持するのではなく、ハメをはずさないという条件つきで肯定しているところに、このご老人が「正論」と自負するものがあるのだろう。

しかし、ここまでみた限りでは、理詰めに迫っているようにみえて、実質は『田夫物語』の田夫者たちの主張と大差ない。これならいっそのこと、田夫者のハチャメチャなもの言いの方がよっぽど面白い、と思われるかもしれない。しかしご老人の本領が発揮されるのはいよいよこれからである。

「そもそも男女配合とは……」と切り出して、まず女色の長所、短所を以上のようにまとめた老人は、次にいよいよ、男色とは何ゾヤという問いに答えようとする。

「さてまた衆道というものは、男女和合とは違って天理自然の道ではないので、子を生じる道理もなく、その上、つきあっていても盛り上がる間《あいだ》もせいぜい三、四年と短く、恋の期間は長続きしない。長続きしないから執着心も薄く、もっぱら義を立てる道であって、むやみやたらとおぼれることもない。君と臣とのつきあいに似て、義がある時にはつきあうけれども、ない時にはつきあわない。心を冷静に保って、自省心も失わず、その限度内で親しむ交際だから、天下国家の災となって、身を失うほど悪いことはあるまい」

前半の男色批判をふまえると、そうかしらんと首をかしげたくなるところもある。武士たちは〝傾国の美女〟ではなく、〝傾国の美少年〟の横行に頭を痛めていたのだから。しかし、男色が「義」という観念で君臣の交わりになぞらえられていること、そして、交際のさかりがせいぜい三、四年であるということは、若衆との交際の特質を要領よくまとめている。こうして当時の男色の特徴を明確にした上で、どうせよとアドバイスするかといえば、

「従って、時々は美少年を愛し、一方的に女色に偏らないための防衛手段とするならば、女を愛する時の乱れ心を戒め慎む一助ともなるだろう」

なんという斬新な（？）御意見！　男色・女色の特性をよくわきまえた上で、うまくバランスをとれ、というのである。さすが年の功……というべきだろうか。かつて「ワタシはコレで会社を辞めました」と小指を立てたＣＭ（一九八四年、禁煙具のテレビ広告）がうけたことがあったが、ナルホド、ヤバイと思ったらちょっと路線を変えて美少年に目を向ければ、度をこしてトラブることもなかった……などと真剣に感心する現代人がいるとも思われない。これは、いかに男色が批判されても、それ自体が病的だとか倒錯的だとかいう偏見が存在しなかった、江戸期ならではの発案といえよう。

何事も偏ると弊害の生じることは多いものだから、男色・女色の場合でも、中道をゆくのがブナンであるといわれれば、それにこしたことはないような気もするが、女色におぼれぬ

ための防波堤としての男色という考え方には、衆道を経験できない筆者としても釈然としないものがある。それではあまりに美少年《ワカシユウ》たちが気の毒ではないか。結局はオヤジの保身に利用されているのだから。だいたいこの老人の発言には、社会体制のために、とか、女色におぼれないために、とか、愛情を何かそれ以外のために利用する考えが多すぎる。

結局、老人の意見も、裏を返せば男色派の女性観と大いに通底しているのだ。

「こんなことを言うのも、女は生まれつき男よりは淫乱なので、男の欲望にうまくマッチして、ともすれば共に淫乱に陥りやすいからなのじゃ。若衆は女とは違って義によって交わるものだから、どれほど親しくなったとしても、少しは心に隔てがあって、慎む気持ちが残っているから、妄念の闇に迷うことも少ないのじゃ」

女色におぼれぬために男色で対抗せよ、という老人の発想には、男の心を〝惑わし〟、〝乱す〟女の色香に対する、男色派と同じ警戒心が働いていた。どんな男だって、なるべく、久米の仙人や鳴神上人のようなドジはふみたくない。女性のセクシュアリティに対する無意識の恐怖心は、賢者を気取るご老人の発言にも濃い影を落としていたのであった。

「たとえていえば、女との交わりは甘い甘酒のようなもの。一方、若衆との交わりは、淡い水のようなもの。この理をよくわきまえて、おぼれやすいものと、そうでないものの区別をつけることじゃね」

甘酒と淡水。なるほどうまくなぞらえたもの……と感心している場合でもなかろうが、男と男の恋に対する蔑視や抵抗感のなかった時代には、むしろ女性と関係する方が、どういう罠に陥るかわからぬ危険性を孕んでいると、男たちには思われていた。

ここまで来ると、最初の論調とは反対に、女色の方がリスクが大きく〝悪者扱い〟された感があるが、ちゃんとフォローを忘れないところが、さすがに分別くさいご老人である。

「いくら女色におぼれるなといっても、陰陽和合という道そのものは、人間が生まれると同時に身に備わった大徳なのだから、決して軽々しく考えてはいかんのじゃ。それなのに、世の中には、女はただのなぐさみものとしか考えていない愚か者がいる。若衆好きの連中には、女を見ることとさえ嫌悪して、顔をしかめる人も多い。その女嫌いの人も、母親の胎内に宿って生命を授かったのではないのかね。そんな道理もわからずに、ただ明けても暮れても男色ばかりに身をやつして、極端にのめり込むから、衆道本来の義もそっちのけになり、万事に誤った行動が目立って、女色におぼれるのと大差なく、身をもちくずし、家を失う原因となってしまうのだ」

女嫌いの男だって女の腹から生まれたんだ、という女性弁護は、やはり『田夫物語』にみられたのと同じ論法。ここでは、さらにそれを「陰陽和合」の思想で裏打ちして、夫婦の交わりと出産とを、人間に生まれついた「大徳」にまで高めようとしている。女を母としても ち上げるのは、実は女性を個人として評価せず、母という役割に閉じこめようとすることにつながる、という批判が当然ありえる。「なぐさみもの」でなければ「子供を産む機械」?どちらもゴメンこうむりたいものである。

しかし生命の創造を称揚するという点だけとり出せば、この老人の言い分にも一理はある。この基本を認めなければ、人類は確かに滅亡する。結局我々は、誰かによって自らの意志に関わらず唐突に生命を与えられ、また誰かに同じことをする。それは時には理不尽に思えるが、連綿とそれを繰り返すのが生き物としての人間のあり様であり、生命の存続を否定はできない。

と言い切りたいところだが、男色論に出てくる女色の哲学は、男色の〝刹那的美学〟と対置されるゆえに生命讃歌となるのであって、日本の近年の出生率の低下をみると、男女関係が必ずしも出産に直結しないことも歴然としている。男女の愛の形も多様化しており、夫婦の愛の密度は子供の有無に左右されるものでもなく、華奢者たちの審美的恋の世界に限りなく近いカップルもあろう。女性たちの間でのBL人気も、男性同性愛者には物理的になり得ない女たちが、男女関係に密かに求めている夢を反映しているのかもしれない。男男関係にも、男女関係にも、人間の愛である以上、同じ理想を求める可能性はある。

だが、「子なき女は去るべし」という『女大学』的女性観の横行していた時代には、男色・女色の対比も子の有無により際立ってくるというもので、老人の発言は明らかに、そうした当時の女性観を前提としている。すると皮肉なことに、適当な女に子供さえ産ませれば、それで女はご用済み、あとは好きなだけ衆道に走ってもいい、という極端な発想さえ生まれかねない。さすが周到な老人は、それを十分予期していた。

「跡を継ぐべき子供がある人は、老いも若きも女との交わりを絶ち、若衆だけを愛して心を豊かにすればよい、と言う人もある。全くのところ、そういうことができればすばらしいという気がしなくもないが、そんなに単純な問題ではないのだ。どんな形で若衆とつきあうにせよ、その人の心のもちようで、ハタ目に見苦しくなる危険性は十分あるのだから、心を冷静に保って、善と悪との分かれ目をしっかり分別するのじゃな」

よくよく承れば、当時の価値観の情報としても、なかなかに含蓄深いお言葉の数々ではあった。男色派にも女色派にも、常に冷静であれと要求される通り、自身おちつきを保って話し続けており、論点が明快に浮上する。いったいこのようなお説をたれたまうご老人は、どこのナニモノなのであろうか。

第7話　色の道は中庸でいこう──『色物語』その四

男色派より女色派が正しい、という田夫者の一方的勝利に終わってしまった『田夫物語』とは異なり、『色物語』では〝老賢者〟の登場によって、男から見た男色・女色の長所、短所のそれぞれが、勝敗に左右されずに認識されることとなった。

これほど冷静に男色・女色論を語られるお方は、タダモノではない！　とにらんだ一座の期待に応えるように、老人はぽつりぽつりと、自らの正体を明かし始める。

「こんなふうにわかったような口をきく私も、年を重ねて、はや八十すぎとなったおかげで、今はこうして悟りをひらくことができたのだよ。私自身も、二十代、三十代の頃には遊女に心を狂わせて、ある時は人目をしのび、逢瀬を楽しんでいたものだったが……」

老人の視線は一転して宙に漂い、昔をなつかしむ風情。思いは五十年、六十年と時を遡る。

有る時は、人目をしのび、有る時は通ひ、入あひの、かねてより約束し、逢ふ夜半《よは》のさゝめごと、さもうかれたる折から、暁《あかつき》の鳥も、鳴き渡り、別れの時になりぬれば、あかぬ情《なさけ》を、ひき離れ、あとに心の残されて、立ち帰りぬる時にこそ、限り涙の、思ひくさ、結びもとめぬ、契りとや。袖と袖とは、濡れしほれ、寝乱れ髪の一筋に、うちわびながら、立ち出でて、家路をそこと、しらなみの、よるべいづくと、たどりぬる、心のうちぞ、あさましき。

いや、なかなかにこの方、若い頃はいっぱしの遊び人でいらした。あの、美少年との逢瀬の思い出にひたりきっていた一座の男にまさるともおとらない、七五調に掛詞を駆使した甘い恋の回想。

遊女との恋は、ともすれば人目をはばかるしのび会い。若い恋は障害があってこそますます燃えさかるというべきか、逢瀬を楽しんでいざ明け方に別れる時には、涙、涙に袖は「濡れしほれ」、「寝乱れ髪の一筋」がせつない。王朝和歌風のイメージをちりばめて、帰路の足どりもおぼつかないほどのぼせあがっていた若き頃の思い出が、しばし恍惚とくりひろげられる。

しかし、絵に描いたような遊女との恋は、やはり絵に描いたようなパターンに終わる。こんな逢瀬をくり返して年月を送っているうちに、金銀を使いきって身はおちぶれ、遊女の方も、金の切れ目が縁の切れ目というべきか、あれほど燃えあがった恋だったのに、あえなくジ・エンドとなってしまった。こうなると男の側としても、かわいさ余って憎さ百倍、「あいつのせいでこんなことになったんだ」と遊女を逆恨みしてしまう。我ながら恥ずかしい限り、と老人は溜息をつく。

悟りすましたような老人の、意外に人間くさい過去の告白に、一座の者たちも一層しんみりとして聞きいっている。「遊女狂いは身の破滅」という男色派の女色批判を地でゆくような老人の体験談。彼も、当時世によくあるつまずきを経験した一人だったのだ。

さてはこの苦い経験が老人を成長させたのだナ、と納得しようと思ったら、まだ続きがあった。遊女狂いで懲りたかと思えば、どっこい、このご老人はさらに奥深い（？）人生経験を積んでいらっしゃる。

「さてまた若衆との交際は、義理を含んだ道であるという。私もご多分にもれず、昔はあちらこちらと美少年を連れ歩き、今日は舟遊びをしたかと思えば、別の日には野に出て酒宴をしと、心は浮かれていたものだった。それでいて枕を並べても、親しいながら言葉のはしばしにまで乱れがないのをモットーとして、慎み深く交際していたので、世間サマにとやかく言われる心配もなかったわけだ」

なるほど、二十一世紀日本の草食男子の足元にも及ばぬ、江戸のプレイボーイぶり。女遊びをきわめて悟ったなんて甘い甘い。美少年との恋を知らずして、色の道の悟りに到達できるわけがない。

『田夫物語』の華奢者たちは、花見に月見にと着飾った美少年を連れ歩くのが、女性を連れ歩くよりよっぽどおシャレだと自画自讃していたが、老人はその主張どおりの生活をなさっていたことになる。遊女との交際がいささか後ろめたい調子で語られていたのに対し、美少年とのおつきあいの方がむしろ公明正大、破目をはずしさえしなければ世間サマに白い目で見られることもなく、野遊びに舟遊びにと、優雅で楽しい日々が開けている。こんな話を聞いていると女性まで、なるほど男色って楽しそう、などと思ってしまいそうではないか。

しかも少年が相手であれば、女の色香に〝惑わされ〟たり〝乱され〟たりする恐れもなく、節度を保ったおつきあいができた。これも「衆道の徳」と、老人は自らの主張を経験で実証した、という具合。際限なく金銭をつぎこむ心配もなく、若衆との恋は安心して続けられる……かと思いきや、思慮深きご老人は、こちらにもやがて〝人生への懐疑〟を感じざるをえなくなる。

「かといって、ひたすら衆道に走って子孫を断ち、孝行の道を破るようなことになれば、天のおそれもいかばかりかと思うと、ウカウカと楽しんではいられなくなってしまった」

遊女狂いは経済的、社会的破滅をもたらすから、美少年との恋の方がよいかと考えたが、今度は孝行の徳を守るという儒教的な人の道にそむくことになってしまわないか――。どちらに傾いても行きどまり。行きづまっていた若い頃、老人はふとしたことで悟りのきっかけをつかむ。

それは、あるのどかな春の日のことであった。おだやかな日和にさそわれて、なんとなく散歩に出かけてみた。歩いてゆくうちいつしか人家もまばらになってきたが、やがて、ものさびしいたたずまいの家が一軒、目にとまった。心ひかれて眺めてみれば、こざっぱりとした庭に、桜の花が今をさかりと咲きほこっている。名高い吉野や初瀬の桜もこれほど見事ではあるまいと思われ、しばしたたずんで、じっと桜に見とれていたのだった。

花の美しさに時のうつりゆくのも忘れ、しばらくぼっとしていたが、気がつくと木陰に短冊がつるしてある。手にしてみれば

花ならでよその色にもひかれなん
　心の駒のたづな許すな

老人の心に電撃が走った。うかうかと桜の美のとりこになっている自分の心。それを見すかしているかのような歌ではないか。花に見とれてうっかりと時をすごしてしまうようなお前は、花以外の色香にも迷ってしまう人間に違いない。しっかり気をひきしめて、ゆめゆめ心を制御するたづなをゆるめてはならないぞ――その場で叱責されたかのようである。

なるほど今までの私は、やれ遊女だ、やれ美少年だとうかれ歩き、色香におぼれて自分を見失っていた。それはちょうど、ここでこうして花に見とれて時間を忘れていたのと全く同じことではないか。所詮はうつろいゆく美に心を奪われて、ああ、なんとむなしく時をすごしてしまったことか。自分で自分が恥ずかしい……。

ハッと我にかえれば、こうしてここにぼさっとたたずんでいる姿をこの家の主人が見ていたとしたら、あのような歌を詠まれた人のこと、予想通りの愚か者が来たと、さぞ自分を嘲笑っていらっしゃるに違いない。いてもたってもいられなくなり、足早にたち帰ったのだった。

それにしても、あの家はどなたのお宅だったのだろう。ご主人のお名前はわからないが、桜に見とれる人を戒めるようなお心ある方、きっと賢明な、世を捨て隠遁なさっている方のおすまいに違いない。何年経っても忘れがたく、いまだに奥ゆかしく思い出される。

老人の体験は、女性だ若衆だと議論にうつつをぬかしていた一座の人々の胸にも、ひしひしとこたえるものであった。何か今まで、とてつもなく空しい言い争いをしていたようで、皆、首をうなだれている。老人は言葉をつぐ。

「女にも若衆にも心を奪われ、いたずらに人生をすごしてきたこの私も、今ははや白髪頭の、とるにたらない老人となってしまったが、年寄りの忠告というものを、少しはお聞きいただければ幸いじゃ。

およそ心ある人は、月の澄みきった光を目にして自分の心のくもりを悟り、花を見ては色に迷いやすいことを反省する。月や花をながめる時でさえ、無駄に見るのではなく心の戒めとして見る。これこそ殊勝な心がけというものじゃ。とりわけ女性や若衆との交際は、世の中にある楽しみの中でもひときわ快楽の大きなものだから、いつとなく心を奪われ、本心がとろけてしまう。だからこの二つの道に関しては、いつも反省心を忘れず、偏ったり乱れたりしないように、特に気を配るのじゃ」

道徳の教科書調になってしまったが、遊女、若衆とひととおり遊びつくした後に至った境地だけに、その言葉には説得力がこもっている。

「こうは言っても、自分が好きな道に関しては、なかなか行きすぎが自覚できず、反省心を持つことも難しいので、とかく誤った方向に陥り、虚しく日々を送ることが多い。光陰矢の如しといわれるほど、またたくまに過ぎてしまう貴重な時間を浪費するとは、自分の身をふり返っても、あさましいと思わずにいられない。

だからこそ昔の聖人賢者は、儒教を広めて万民の迷いをはらし、皆の心を素直にしようとなさったのだろう。その極意は中庸ということで、聖人の中の聖人であらせられる孔子様でも実行が難しいとおっしゃったほどだから、まして凡人はその道理をさえはっきり理解するのは困難じゃろう。それでも自分なりに学んだところによると、やりすぎても、やらなすぎても、中庸とはいえないらしい。つまり、過ぎたるも及ばざるも、中道には至りがたい、という微妙な境地なのじゃ」

このあたりのご教訓は、男色・女色に限らず、人間の行為全般に通じるものといえよう。

男がいいだの女がいいだの、現代の感覚では俗っぽい低次元な話題として、高尚な宗教の話題とは切り離して考えられてしまいそうな内容を、このように人生全般にわたる聖人のご教訓、儒教道徳とくみ合わせて議論しようという姿勢は、当時ならではである。しかつめらしい儒教道徳をカジュアルにしてしまう滑稽さや、儒教を方便にする狙いもあろうが、それだけ「色」の問題が、「色道」という表現にみられるほど、当時は人生のテーマのひとつとして認識されていたともいえよう。

さて、しめくくりである。

「何事も中道をゆくことが大切なのじゃが、なかでも女性と若衆との色の道に限っては、朝となく夕となく心の塵をはらって慎んでつとめれば、少しは淫乱無道《ぶどう》の罪から逃れ、永遠に色だけにのめりこんで度を越すことはないじゃろう。聖人も「色を遠ざけよ」とおっしゃっているくらいだから、こと色道に関しては、過ぎたるよりも及ばざる方が、かえって中庸に近いといえるかもしれない。とにかく、自己中心的で我儘なやり方で色欲におぼれれば、ひとつとして天道にかなうことはない。だからご一同も、中庸と、そうでないところとの境目をとくと見極めて、大切な一生を楽しめばよいのではなかろうか。どうじゃね」

聞いていた人々はひたすら感銘をうけ、老人のお説に静かに頷いている。男色・女色にはそれぞれの長所、短所があって、どちらがいいとはいえないこと。いずれにしても、おぼれすぎるのがよくないのであるから、色の道に没頭しすぎないこと。そのためには男色・女色の特性をよく認識して、どちらにも片寄らないように楽しめばよい。老人の主張をおさらいすれば、こういうことになる。

「淫乱無道の罪」、老人は最後にこういう表現をしているが、ここでいう「罪」は決して、肉欲そのものの罪ではなく、あくまでもゆきすぎた欲望をさしている。肉欲の対象が異性であるか同性であるかによって差別、区別を設けず、同じレベルで「色」としてくくっているところは、当時ならではの発想であり、老人は、男がイイ、女がイイと議論する者たちに、禁欲せよとは決して言っていない。むしろ賢く楽しめ、と結論づけているのだ。

宗教的というよりは現世的処世術。これは老人が依拠している儒教の一面といえるかもしれないが、遊女遊び、若衆遊びの末に至った老人の冷静な境地には、儒教思想のみならず、仏教的無常感も働いていると思われる。「女色」の対象となる遊女の中には、自らも享楽的行為に空しさを感じ、この世の無常を悟って出家へと導かれる者があったからである。

色恋の道にどっぷりとつかった後にこそ、色におぼれることのはかなさがしみじみ身にしみる。次話では、そんな悟りに至った男たちのエピソードに、学ばせてもらうことにしよう。

第8話　かたちを変えた心中——『男色大鑑』その一

『色物語』で男色・女色の優劣論に見事な采配をふるわれたご老人は、女とも男とも遊びつくした後に、ついに悟りの境地に至られた。うつろう桜花をながめたことで、それまで色におぼれていた自分をつき離し、客観的に眺めることができるようになったのである。

しかし、悟られたからといって何も出家なさったわけではない。ご老人は依然として現世にとどまっておられ、若い者たちにきわめて現実的なアドバイスを与えられた。自身は色の世界を〝卒業〟しても、後輩たちに対しては、色の道そのものを否定することなく、男色・女色の中間をとって悔いなく人生を楽しめ、と指導なさったのである。

ところがここに、悟りが昂じてついに出家してしまった男がいる。その名は玉川主膳《しゅぜん》。西鶴の残した男色大百科事典『男色大鑑《なんしょくおおかがみ》』（一六八七、貞享四年）によれば、かつては江戸にその人ありとうたわれた人気女方であった。

「人の命をとる程」の魅力にあふれていたという主膳は、笛や太鼓など邦楽器の「またの世にも出来《でき》まじき名人」であったのみならず、とりわけ「若道《じゃくどう》のたしなみ」が深いともっぱらの噂で、多くの人気を集めていた。

歌舞伎役者であるから芸事に秀でているというのはスンナリ受け入れられるとして、現代と違うのは、「若道のたしなみ」が人気を得る重要な要素となっていたことである。西鶴は、花代さえ払えば「芝居の果てより夜の明くるまで」美少年を「我が物にして」遊べたと記している。そうした行為は若衆歌舞伎が禁止されてしばらくはそれほど目立たなかったのだが、やがて派手になって花代もつり上がり、京都のある寺の開祖の三百年忌を機に、本格化したとも記されている。

なにしろ、京都の伝統ある寺の大行事《イベント》だというので、全国から金持ちのお坊サンたちが大挙して集まり、ついでのことにおノボリさんよろしく、四条河原の芝居を見物したのがイケなかった。「やっぱり京都《ミヤコ》の美少年は違う！」と、鴨川の水に磨きあげられた少年たちに目を奪われてしまい、美少年の「美」に多少の?がつく少年でも、かたっぱしから買いあさったのだった。

これが美少年買いの発展に寄与したとすれば、全くもって「美少年はお坊サンの専売特許」という田夫者たちの言葉通りの観がある。「御法事の後、色河原を見物しけるに……」などとアタリマエのように書いてあり、お坊サンがこうでは、俗世間の男たちが寺社詣でのついでに遊廓に寄って遊んで帰ったのも当然か、とあきれた口がふさがらないが、法事を営んでもらった開祖サマも、「わしの法事の後に美少年見物なんかに行くな！」と三百年の眠りからさめてお怒りになった――かどうかは定かでない。

とにかく、歌舞伎芝居のある四条河原は「色河原」であって、「舞台子」といえばお芝居のハネたあとは朝までお客さんとおつきあいするものであった。だから名女方といわれた少年が、「若道のたしなみ」によって人気をいや増したのも不思議ではなく、むしろそちらがお目当ての客もあったであろう。

だが、今話の主人公である元名女方のお坊サンは、決して「色河原」のお得意サマになるようなお坊さんではない。反対に、その道をふっつりと思いきってしまったからこそ、出家にふみきったのだった。

『色物語』のご老人よろしく、玉川主膳も若い頃から悟りすましていたわけではない。当時の人気アイドルとして蝶よ花よともてはやされ、中でも「すぐれてうるはしく情《なさけ》もふかく」と、やはり人気役者であった浅之丞《あさのじょう》という若衆《ビショウネン》と相思相愛の仲となった。美男美女ならぬダブル美少年のカップルがここにできあがり、互いに心変わりはするまいと、うるわしき誓いを立てていたのである。

　ところが、恋の破局は一方の心がわりによって訪れたのではなかった。主膳が何を思ったか、いきなり出家して姿をくらましてしまったのである。浅之丞は気持ちを整理できない。あれほど愛を誓いあった二人なのに！　恋人のゆくえをあちらこちらと捜しまわる。無理もない。愛しい人と突然連絡がとれなくなったのだから。同性であれ異性であれ、恋の不安や動揺は同じ。

『男色大鑑』（巻6の1）より（国立国会図書館蔵）

　実のところ、主膳には主膳なりの心の動きがあったのだ。美少年のさかりは短い。自分もその運命を免れ得ないことはよくわかっている。ひたひたとしのびよる、美少年時代への〝死刑宣告〟。それでもできる限りねばってはみたが、誰がみてもさかりを過ぎて、満月ならぬ欠けてしまった二十日過ぎの月、とカゲロをたたかれるようになってはいたたまれず、出家するという形で美少年としての自らに幕をひいたのであった。

ひと昔前には、フツウの女のコに戻りたい、と突然トリオを解散したアイドル歌手もあり、二十一世紀の少女アイドル・グループにも「卒業」が迫られるが、江戸の美少年アイドルはフツウのオジサンにはなりきれず、ひと思いに出家しようと思い切ったのである。引退しても舞い戻ってくるような往生際の悪さはみせず、決心は固い。出家すると同時に主膳は、過去のすべてを断ち切るかのように、江戸のファンと恋人の前から雲隠れしたのであった。

ところがある日、思いをつのらせた浅之丞がついに、主膳の居所を捜しあてて訪ねて来た。三年ぶりにめぐり会える喜びに胸を躍らせ、浅之丞が垣根から恋人の様子をうかがってみると、紅顔の美少年の面影はどこへやら、前髪どころか、髪の毛と名のつくものが一本もないつるつる坊主で、井戸水など汲んでいるではないか。思わず桶にあふれるほどの涙を流し、

「ど、どうしてこのようなお姿に……」

と、主膳にかけより、衣にすがって人目もはばからず泣きわめいてしまう浅之丞であった。

しかし、深く愛しあった筈のかつての恋人のとりみだした姿を見ても、主膳は一向に心を動かす気配を見せない。

「私は出家して現世の人間ではないのだから、もう滅多に会ってはいけないのだよ。昔のよしみでお訪ね下さった気持ちは有難いけれど、あなたはまだ美少年ざかりなのだから、江戸のファンの皆さんも待っておいでだろう。何よりも、熊谷のご両親が嘆かれるから、気をとり直してすぐに江戸へお帰りなさるがよい」

『男色大鑑』（巻5の4）より（国立国会図書館蔵）

当時ときめく花の美少年《イケメン》女方の出身地もポロリとあかしつつ、今は出家して可見《かけん》と名のっている主膳は、おちついた口調で若いモト彼の興奮をなだめる。

そうはいっても可見のいる寺は、

現在の大阪府東部、柏原市にある寺。新幹線も飛行機もない時代に、何日もかけて江戸から訪ねて来たのである。さすがにそのまま帰すわけにもゆかず、今宵一晩だけと、浅之丞を招じ入れる可見。もてなす道具といえば、天目茶碗二つと欠け徳利だけ。それでも質素な部屋の中で、表装こそしていないが南無阿弥陀仏の名号を掛け、欠け徳利に夏菊をいけ、木の葉をたきつけて茶釜を暖める心づくしの接待。そんな可見のふるまいには、色の道からは遠ざかっても風流の心は片隅に残した、昔《いにしえ》の審美的男色派の本領がうかがえる。

さしむかいで昔の思い出など語りあっていると、さしもの可見も過去の愛の記憶に涙をこらえきれず、声もとだえがちに夢うつつの思いにおそわれる。つい昔にひき戻され、目の前の浅之丞をぐっと抱きしめたくなる衝動をかろうじてこらえていたが、それも限界になりつつある頃、幸いにも夜明けを告げる鐘が鳴り、可見は我に返った。うるんだ瞳で浅之丞を見つめつつ、

「一番鶏が鳴いたら東へ旅立ちなさい。もう手紙も書いてほしくない。ただ、これだけを私の形見と思って……」

持ち慣れた数珠を手渡した。モト彼の愛用の品を受けとりつつ、浅之丞もやはり赤くなったつぶらな瞳で可見を見つめかえしている。これまた往年の少女マンガを彷彿させる、お

目々キラキラの世界。「泪玉《なみだ》をつなぎとめたる風情《ふぜい》ぞかし」という西鶴の表現にも、二人の涙の雫を、手にした数珠の玉の連なりに重ねる詩情が漂っている。

うるわしき恋物語に涙はつきものだが、この男と男の別れには、男女の恋愛ドラマに劣らぬロマンチックさ、それでいてベタつかない潔さのようなものが感じられる。これぞ「淡水」の交わりの美学なのか。

明け方の雲もようよう晴れ、夏山の影がくっきりと姿をあらわすとき、

「とにかくおっしゃるようにいたします」

と浅之丞はきっぱりとひき下がる。現世を思いきった男の心が通じたのだろう。可見はそんな浅之丞の後ろ姿が木陰に見えなくなるまで、ずっと見送っていた。

正直なところいささかゆらいだ可見の心も、今はさっぱりと晴れ、戸を閉ざして未練を断ち切るように念仏に集中していた。ところが、再びその戸を叩く音がする。誰だろうといぶかしがりつつ戸を開ければ、つややかな黒髪を惜し気もなく剃って、変わり果てた浅之丞の姿がそこにあった。

「お言葉通り東《あずま》へ帰り、また出直してまいりました」

なんというけなげな心であろう。かつての恋人にならい、自らも出家するというのである。

自分のせいで、あたら花のさかりの美少年を坊主にしてしまった。可見は悔やんでも悔やみきれず、茫然と立ちつくしていたが、済んでしまったことはどうしようもない。寺の和尚に相談すると、

「この世は夢と悟ったからには、現世に未練もないだろう」

と、浅之丞を正式に出家させてくれた。

さてそれからは、二人して朝には井戸の水を汲み、夕べには柴木を運ぶ質素な生活に、修行三昧の日々。同じ墨染の衣を身にまとい、思うことは死後の世界の安らぎのみ。これこそ「まことある道心」といえよう。

「夢をしる世のおもひ出《で》、何か残らじ」と和尚は言った。共に紅顔の美少年として、あまたのファンにとり囲まれ、チヤホヤされていた恋人たちは、結局二人とも「この世は夢の浮世である」との悟りに辿りついた。容色と芸を売りものにする華やかな世界から、一転して仏の道へ。この道筋は、はるかインドの尼僧たちの告白にそのまま重ねられる。

愚かな男たちの言い寄るこの身体を、いとも美しく飾って、網をひろげた猟師のように、わたしは娼家の門に立っていました。

そのわたしが、いまや、頭髪を剃り、大衣をまとって、托鉢に出かけて、樹の根もとで、〈思考せざる境地〉を体得して、坐しているのです。

もと遊女であったヴィマラー尼
（『尼僧の告白』）

名高い遊女として色の道に生きてきた女たちは、容色の衰えに現世の栄光のうつろいやすさ、はかなさを思い知る。「生者必滅」という仏教的無常感を身にしみて感じた彼女たちは、自然に仏の道へと導かれる。

色と美の世界に耽溺した者こそ、その虚しさを自覚した時の精神的打撃は大きい。ましてやそれを資本として欲望の対象となっていた者は、二重に自分の存在の根元をつきくずされる。若くも美しくもない私には、もう誰も見向いてはくれない、これからどうやって生きていったらいいのか——女性であれ、美少年であれ、色を売った者たちが没落した時の精神的苦悩は変わらない。

能『卒都婆小町』では、遊女とも評された美しい小野小町ではなく、老残の小町の姿を観客に見せつける。美醜の記憶と老いの現実から、若き日の栄華のはかなさが浮かびあがる。

人というのは残酷なもので、昔美しかった人ほど、「あの人がこんなになるとは……」と老いを言いつのってしまうものである。旧聞に属するが、そういえばグレタ・ガルボが亡くなった時（一九九〇年）、週刊誌のグラビアに銀幕のスターだった頃と、杖をつき白髪をいただいて、まさしく老残の小野小町さながらの姿となった写真がこれみよがしに並べて掲載されていたものだった。

大衆の残酷な趣味というよりも、ああいう対比を眺めたいという人々の心情の底には、日本の中世から、いやインドの昔からみられた、人間の生命のはかなさへの悟りめいたものがあるに違いない。

こうなると、若い頃あまりに美しいのも考えもので、よくある顔でさりげなく老けるのとどっちが得か、大いに疑問、とはかの三島由紀夫先生のご見解であった。

若さを失いかけると、衰えた美にしがみついて若さの仮装に憂《う》き身《み》をやつすか、あるいは、美はあきらめて個性に生きるか、どちらかしかなくなります。

はじめから、個性尊重主義でやってきた非美男非美女は、その点、年をとっても生きやすいが、絶対の美男美女は、年をとって来たら、目もあてられないことになる。個性という救命袋を持たずに、海へほうり出されたようなものだからです。若いころ人気をはせた映画女優や二枚目の老境ほど、見た目にわびしいものはありません。

人生とは、救命ボートや救命袋なしで船出したほうがよいか、それともはじめから救命具にたよって出帆したほうがよいか、そのへんが人生のむずかしいところです。

（「おわりの美学」一九六六、昭和四十一年）


人も知る男性美への傾倒者でいらした先生が、このような発言をなさるのは必然といえる。ここでは男性美と女性美が並べて論じられているが、「男の美学」（一九六八、昭和四十三年）と題されたエッセイでは、「美しく生き、美しく死ぬ」という「古代ギリシア人の念願」をひきながら、「どうしたら美しく死ねるのか」とも問うていらっしゃるのである。

主膳は〝フツウのオジサン〟に戻るようでは美しく死ねないと見きわめた。そこで、オジサンの姿を人前にさらすことなく、出家してふっつりと身を隠したのである。「我《われ》出家して、世にあるとも定めぬ身なれば」と自ら述べている通り、主膳は出家することで、すすんで現世の自分の「死」を選んだ。そんな主膳にならって浅之丞も出家した。これはいわば形を変えた「心中」なのである。

第9話　美男美女、散り方の違い教えます——『男色大鑑』その二

フツウのオジサンになるよりは坊サンになろう——出家、それは美少年タレントの究極の引退のかたちであった。現代の芸能界の少年アイドルたちは、年を重ねると演技力や話術などによってアイドル・タレントからの〝脱皮〟をはかるのであるが、それは少年でなくなっても現世で生き続けねばならぬゆえの、切実な延命策である。しかし江戸の歌舞伎若衆《ビジョウネンタレント》たちは、これを無駄な抵抗、悪アガキと悟ってしまった。潔く出家して、過去の自分とオサラバしてしまったのである。

きっぱりと現世を捨てる思いきりのよさ、一旦出家したら現世のことには目もくれない意志の固さは、男色世界のアピールしたがる「潔さ」の反映とみることもできる。出家も男色特有の美学の一部なのだ。

　だが、二人の美少年の出家は、男の世界だけにはとどまらなかった。女性まで巻き込んでしまうのである。可見のいる寺の近くに住んでいたある娘が、浅之丞の旅姿を偶然見かけて一目惚れしてしまい、半狂乱になって後を追っていたのだった。ちょうど地方の村に、前ぶれもなく人気アイドルが出現したようなものだから、「魂《たましひ》とび出《いで》、大方は狂乱になつて」という西鶴の表現も、あながち大げさとはいえないかもしれない。美少年というものは、男が見ても女が見ても美しいことに変わりはないから、当時の歌舞伎若衆には女性ファンもおのずとついていた。

　浅之丞が行く寺まで一緒についていこうとするのを、奉公の女性が何とかとりおさえて家に連れ帰ったはいいが、少女は浅之丞の美しい面影がチラついて眠れない。ついにひっそりと寝床を忍び出て、恋しい浅之丞が姿を消した草庵をのぞいて見ると——意外や、お目あての少年はツルツル坊主になっているではないか。こうなっては言い寄ることもできず、思いを叶える望みは永遠に絶たれてしまった。

「どうしてあの人を出家させてしまったのオ!?」

と絶叫する。あたりはばからぬ大声に、びっくりして寺中のお坊サマ方が集まってきた。中にはこの少女を見知っていたお坊サンもあったので、「はしたないからおとなしくしなさい」

とやさしく言ってやるのだが、いっこうに泣き止まない。ひたすら、「彼の髪を剃ったのは誰？　その人が憎らしい！」とわめき散らすばかりで、どう見ても正気とは思えないとり乱しようである。

ともかくも親元に知らせ、身内の人を呼び寄せて、

「そんなに見苦しいまねをしてはいけないよ。もう彼は出家してしまったのだから、今さら

どうしようもないじゃないか」

と諄々と説いてもらうと、ようやく落ちついてきた。ところが今度は、落ちつきを通り越し

て、この少女まで悟りに至ってしまったのである。

「そう言われればその通りよね。私だけわめいたからって、彼は何とも思わないんだから。

バカなことをしたものだわ。こんなふうに叶わぬ恋をしてしまうのも、前世からの運命ね。

こうなったらいっそのこと……」

あっという間に自分の手で自分の髪をバッサリ切ってしまった。急にそこまでしなくても、

と周囲の者はあっけにとられて見ていた（であろう）。

俗に、女性は失恋したら髪を切ると言われ、女性タレントが髪型を変えると「心境の変化

ですか？」と質問されたりするが、現代では、たとえ本当に失恋がきっかけで髪を切ったと

しても、せいぜい気分転換くらいの意味しかないところ、当時にしてみれば、女が髪を切るのは出家して世を捨てるほどの重大決意であった。なまなかなことではない。

「十四歳の今まで、ほんの少し抜けても気になった黒髪だけど、もう惜しくないわ」

少女は言いきった。なんという思いきりの良さ。しかもまだ十四歳。

狂気に近いほどの恋慕から、出家へ。驚くべき心理の振幅ではある。しかし、極端に思いつめていたからこそ、望みが叶えられぬことを知った時、この世のすべてに未練がなくなってしまったのだろう。

「恋より思ひそめて、恋をふつと忘れけるとなり」という西鶴の表現には、色恋の道に耽溺した末に、その空しさを知った男たちと同じ心の動きが感じられる。少女は十代なかばながら、また、まだ実際に色恋の世界に身を染めてはいない乙女でありながら、人生のはかなさを悟ってしまったのである。

道心の深さは二人の少年にまさるとも劣らぬもので、西の山にひとつ庵《いおり》を結んだと思うと、朝夕鉦《かね》の音ばかりを響かせ、ついぞ人前に姿を現わすことがなかったという。彼女もまた、恋をきっかけにして現世での「死」を選んだ。裏をかえせばそれだけ恋のエネルギーというものが、人を現世につなぎとめる重大な要因になっていたということか。失恋したから出家するという現象が今日あまり見あたらないのは、それだけ恋愛のパワーも失墜しているのかもしれない。

これで終わりかと思えば、まだあった。ある日、山本勘太郎というこれも美少年役者が、名高い大和の竜田川に紅葉見物に出かけ、帰りがけにふと、可見たちの庵室に立ち寄って感じるところがあり、これまた出家してしまったのだ。二度あることは三度とはよく言った。大坂の東のはずれに、時ならぬ出家シンドロームが巻き起こったのである。

二人の姿を目にした時、勘太郎は「まことにこの世は夢の夢」という感慨にうたれたという。二人の姿を自身の身に引きつけて見ざるをえない、実感から出た言葉だろう。自分も今は大人気の役者であるが、いずれは年をとり人気も衰える。それは避けて通れない運命だ。ならばいっそのこと、今のうちに出家してしまった方がどんなにスッキリしているか。同じ人気役者という立場にある勘太郎には、何も説明されなくとも、二人の美少年の出家に至った心理が痛いほど伝わったに違いない。「惜しや前髪ざかりに」と、西鶴は全盛の若衆《ビショウネン》の出家を惜しんでいるが、さかりをすぎてから出家するのでは遅すぎる。生き続けるよりも、あえて花のさかりに散る。三島のいう「美しい死」を、勘太郎は選んだのだ。

この心境の変化には、直前の紅葉見物が少なからぬ影をおとしていたはずである。『男色大鑑』の本文には「色ばかり好めるかへさに」と書かれており、ここでは紅葉の色に浮かれていたことと、色の世界に溺れていた若衆のそれまでの生活がかけあわされている。花も紅葉も、うつろうこの世の象徴であり、鮮やかな色をみせては、やがてはかなく散ってしまう。『色物語』の老人が桜の花を見て悟ったのと同じく、出家した二人の美少年の姿を見る前に映じた紅葉の色が、第三の美少年の出家に暗黙のうちに働きかけていただろう。

もっとも、花と紅葉が人間の容色の美、ひいては人の世全体の無常を表現するのは、男色世界の〝専売特許〟ではない。既に鎌倉時代に、きわめてショッキングな絵が描かれている。第2話に引用した源信『往生要集』に基づく「六道絵」のひとつ（滋賀・聖衆来迎寺）である。

桜の下に死んだ女が横たわっている。色はあくまで白く、この時点ではまだ眠っているとも見まごう描かれ方なのだが、左下に目を転ずると同じ死体がどす黒く変色し、腹はぷっくりとふくれ、顔も醜くくずれてしまっている。さらに下を見ると、ふくれあがった全身から、ところどころ赤い膿のような液が流れ出ており、腐臭の漂ってきそうなグロテスクな光景になる。その下には膨張がおさまってしぼみ始めた死体、こうした途中経過をへて、ついに白骨化し、顔も髑髏のように変じたところへ、カラスや犬が群がっている図へと続く。

いはんやまた命終の後は、塚の間に捐捨《えんしゃ》すれば、一二日乃至七日を経るに、その身膖《は》れ脹《ふく》れ、色は青瘀《しょうお》に変じて、臭く爛《ただ》れ、皮は穿《む》けて、膿血流れ出づ。鵰《くまたか》・鷲・鵄《とび》・梟《ふくろう》・野干《やかん》・狗等、種々の禽獣、攫《つか》み掣《ひ》いて食ひ噉む。

という源信の言葉をなぞり、いかに人間の肉体が滅びやすく虚しいものであるかを見せつけようとしたのだ。

絵はかなり忠実に源信の表現を視覚化しているのだが、面白いことに、本文にはない桜と紅葉の木が死体に描き添えられている。しかも枯木ではなく満開の桜、あざやかな紅葉である。腐乱死体にはらはらとふりかかる桜のはなびら、散りしく紅《くれない》の葉が、死体との対照をきわ立たせ、生きていた頃の肉体の美を暗示すると共に、散りやすき運命をも示唆してくれる。人間の肉体とはかくも醜く、不浄なものであるという意で、「人道不浄相」と題し、

もしこの相を証《さと》らば、また高き眉、翠《あお》き眼、皓《しろ》き歯、丹《あか》き唇といへども、一聚《いちじゅ》の屎《くそ》に、粉もてその上を覆へるが如く、また爛れたる屍《かばね》に、仮《か》りに繒彩《そうさい》を著せたるが如し。

と源信は説いてゆく。

しかし、本文には特に女とは書いていないのに、死体はなぜか女性である。「高き眉、翠《あお》き眼、皓《しろ》き歯、丹《あか》き唇」といった容色の美がはかないものであるとしたら、美少年だって同じ筈だ。第一、美少年の美ほどうつろいやすいものはないと、再三説かれてきたではないか。うつろいやすさにかけては、女性の容色よりも甚だしいと。それならば腐乱死体は美少年にした方が、むしろ説得力がありはしまいか。

お坊サンたちは美少年が好きだから（源信本人は、男色も女色も同様に否定していたが）、美少年が腐ってゆく姿など見るにしのびなかったので、格好の悪い役は女におしつけたのだろうか。見ようによってはこの種の絵も、男色派の女性蔑視と同じ発想の反映ととれる。不浄なものは皆、女に原因があるのだ、という責任転嫁。

だがもう少しおちついて考えてみると、しぶとい美が滅ぶ方が、滅びの力の強力さをうち出せるともいえる。「女程《ほど》久しきはなし」と『男色大鑑』にも書かれており、逆に、世阿弥が「時分の花」と讃えたのは少年美であった。男の美にゆきすぎる時と女の美にゆきすぎる時は、異質なものとの認識である。

そこで、同じ花と紅葉に人生の無常を託すにも、美少年か美女かで全く対照的な描かれ方になる。すなわち少年美の死は、さかりに散る潔さの美、死自体が美化される散りぎわの美。ところが女性美の死は、百歳の小町が杖をつく老残、腐乱死体のおぞましさ。死の有する美と醜の両極面が、男と女に分担されてしまう。

世を捨てた美少年たちに話を戻すと、悟りすました二人は草庵を離れることもなく、昔のファンがおしかけてきても決して戸を開けることもなく、門にはすいかずらがからみつき、二人の住まいへの道筋には野生の篠が生え放題。外部からの道はほぼ閉ざされてしまった。かたくななまでの現世拒否、というと高尚にきこえるが、そもそも美少年愛というものは、現世の〝所帯くささ〟を下に見て、浮世離れした美の世界に陶酔なさる傾向があった。してみれば、二人の美少年のたどりついた自閉的世界は、案外、彼らの色におぼれていた頃の生活と通じあっているのかもしれない。

以上は『男色大鑑』巻五の四「江戸から尋ねて俄坊主《にはかばうず》」の物語であったが、同じく巻五の三「思ひの焼付《たきつけ》は火打石《ひうちいし》売り」も類似のエピソードだ。

今度の美少年の名は玉川千之丞。この人も、ルックスよし芸よしの若女方だったので、「夜の勤めをかかず、客は前後をあらそひ、十日も前より御来駕《ごらいが》を待つ事なり」と、夜のおつきあいをお願いするのに予約が満パイで、十日位待ってやっとおいでいただくという有様であった。ご多分にもれず、お得意様はお坊サマ方が多く、有名・無名の寺々の坊さんたちが、代々伝わる書や寺の領地まで売り払っていれあげている。

千之丞の方はというと、そういう客たちを自在にあしらって、つきあいの楽しさをいちいち日記にしたためたりして余裕綽々《しゃくしゃく》。「たけき武士《ぶし》のつきあひ、鬼のやうなる男だてをやはらげ、百姓にあへば土気《つちけ》をおとさせ……」と、どんな身分の男たちにも臨機応変に対応して、なるほど色の世界に耽溺するとはこういうことか、という実態がうかがえる。

そんな中でも、この人だけは特別、と深く愛しあっていた男性《ひと》が千之丞にもいた。ところがどういうわけか、やはり相手の男は、心変わりしたわけでもないのに、突如ふっつりと千之丞の前から姿を消してしまったのだ。恋人に無言で出家された浅之丞のように、千之丞も悲嘆にくれつつ相手の行方を捜していたのだが、杳として手がかりが知れない。八方手をつくしても見あたらないので、どうも京都にはいないらしい。そこで故郷の尾張国に何度も便りをやってみるが、梨のつぶてである。

美女の恋はとかく、お高くとまった行動パターンで描かれ、〝悪女〟伝説にくみこまれてしまいがちだが、恋する美少年はなりふり構わず、一途に思いを貫こうとする。美女の恋と美少年の恋の描かれ方を比較してみる限り、いじらしい少年像の方が明らかに好意的に表現されており、潜在的な女性嫌悪がここにも作用しているようだ。

恋人のことは気にかかりながらも、日々のお勤めはこなさねばならない。けなげにも、お客さんとのおつきあいは欠かさずにいた千之丞だが、その苦労が報われたのだろうか、客のうちの一人がついに、「その人なら五条の河原にみすぼらしい格好で暮らしているヨ」という有力な情報を提供してくれた。千之丞の喜ぶまいことか。うっすらと涙をためて、

「てっきりお国へ帰られたかと思っていたら、そんな目と鼻の先にいらしたとは……」

すぐにでも彼のもとにかけつけたいところだが、ここでとり乱さないところが、さすがは恋多き男として名をはせた人気女方。

「何も連絡をくださらないのを嘆いてはいたけれど、まあこういうことは私たちの世界にはよくあることだから……」

軽くいなしたふりをして心のゆれをおし隠し、客の前ではニッコリと、むしろ普段より丁寧におもてなしをして帰したのだった。第三者に対してはあくまでも、花の女方としてのイメージをくずさぬよう冷静にふるまうプロ意識。このあたりも「淡水」の交わりならではなのか。さて千之丞の恋は、このあとどうなりますやら。

第10話　男だけの小宇宙——『男色大鑑』その三

坊サンからお百姓さんまで、男という男を骨ヌキにしていた百戦錬磨の美少年女方でも、惚れた男にはコロリと弱い。余裕をもってあしらっていたのは、あくまでも商売上の恋。人気役者の証明でもあるかのように、いろいろな男と噂をたてられることをはばからず、男性遍歴を誇っていた千之丞だが、本気で好きになった男に対しては実に純情なところが出てしまうのだ。現代の男性芸能人なら、女性との恋が評判になるところだが、江戸の美少年タレントにとっては男性遍歴の方が〝勲章〟だった。

余裕のポーズをとって客を帰したと思ったら、一転、千之丞は人気女方から一人の恋する男となり、矢も盾もたまらず、付き人も付けずに五条河原へと急いだ。手には酒の燗をするためのポータブルの鍋と盃。恋しい人が橋の下暮らしでは朝夕さぞ寒かろう、熱燗であたたまってもらいたいとの心遣いからである。日頃憧れの的となり、群がるファンを軽くあしらっている〝営業用〟の姿とは対照的な、純情な行動。やさしくきめ細かい心配り。なるほど、こんな相手が恋人だったら、女性だってさぞや快適だろう。とムダロはさておき、いざ橋の下に着いてみると、多くの人々が寝ころがっていて、誰が誰とも見分けがつかない。「尾張の三木《さんぼく》さまァー」と恋しい人の名を声を張り上げて叫んでみるが、いっこうに返事がない。途方に暮れているうちにふと、「あの方のお顔には切り傷があった」と思い出して、ころがっているオジさんたちの顔を一人一人確かめ、ついにその人を見つけることができた。見つけにくかったのも道理、一時は「尾州にかくれもなき風流男《やさをとこ》」、ピカピカの風流人と評判をとっていた恋人が、今は見る影もなく薄汚ない格好をしている。

川のように涙を流しつつ、

「こうまで変わってしまわれるなんて。あの頃の面影はどこへいったのですか」

声をかけても無視されていた辛さも忘れ、胸が迫った千之丞は、彼のむき出しの足をさすってやる。いわゆる〝世話女房〟のような献身ぶり。さすっているうちにあかぎれから血が滲み出してますますあわれさが増し、千之丞は恋人の身をあれこれといたわりながら添い寝をしていたのだった。しかしいつまでもそうしているわけにもゆかない。芝居開始の太鼓がならない。

鳴りひびき、千之丞はシンデレラのかぼちゃの馬車よろしく、ミンナのアイドルに戻らねば

「今晩きっとお迎えにあがりますから、待っていて下さいネ」

指切りゲンマンしたかどうかは定かでないが、とにかく約束させて、千之丞は一旦、芝居小屋へと戻っていった。

ところがモト彼は、千之丞との再会を嬉しいと思うどころか、有難迷惑がり、

「クダラン男が私の生活の邪魔をしに来やがった」

と、千之丞の迎えを待たずさらに雲隠れしてしまったのである。ああ、かわいそうに、美少年はまたしても彼に去られてしまった。

挿絵を見ると、ヒゲボーボーのオッサンの横に、満足気に坐っている華やかな若衆《イケメン》の振袖姿が何ともミス・マッチで、千之丞のけなげな思いにじんときてしまいそうになる。こうまで尽くされたら、心が動きそうなものだが、モト彼は千之丞の熱い思いをハナにもかけず、さっさとエスケープしてしまう。このオッサンはどうしてこうまでつれないのか。

男にも女にも〝出家病〟を伝染させてしまった、あの可見《かけん》ことと玉川主膳の、頑《かたく》なまでの世を捨てた心が思い出される。この男も何がきっかけとは書かれていないが、おそらくは、

『男色大鑑』（巻5の3）より（国立国会図書館蔵）

ある時ふと、それまでの風流な生活がたまらなく虚しく感じられてしまったに違いない。「渡世《とせい》夢のやうに極《きは》めて」というこの男の心境は、紅葉狩りの帰りに突然出家してしまった若衆の「まことに夢の夢」という悟りと通じあっている。この男本人は美少年ではなかったのだが、「かくれもなき風流《やさ》男《をとこ》」として男色の恋におぼれていた過去の生活が、この世の快楽は夢にすぎないという心境に至らしめたのだろう。

昔の面影を全く残さぬうらぶれた姿になったのは、出家と同様、過去の自分を完全に抹殺したかったから。往時を知っている人には、もう誰にも会いたくない。〝この世は夢〟と悟った時を境に、男は別人に生まれかわった。そして火《ひ》打石《うちいし》売りになったのである。

朝方に鞍馬川の川原で火打石を拾って、昼に京都の町中で売り歩き、売れ残れば夕方にあっさりと捨ててしまう。そんなことをくり返し、夜は橋の下に眠る着のみ着のままの生活。この世の物欲、名誉欲、さらに恋への執着も、一切を断った聖《ひじり》のような暮らしぶり。この世捨て人を、人々はひそかに京の都の「今賢人《いまけんじん》」と呼んだのであった。

ちょっとおかしいのは、そういう生活に入っても最初のうちは、まだ過去に対する気持ちの整理がついていなかったフシもあって、つきあっていた彼との思い出を記した『千之丞の四季』なる四巻本もの大著をものしたという事実である。西鶴が「その道の人には必読の書」と評しただけあって、美少年とのおつきあいのハウツーを微に入り細をうがって解説し、千之丞の身体にあったお灸の跡の数、蚤のくった傷がいくつかまでご丁寧に書き込んであったシロモノらしい。もっとも著者の三木にとっては、これを書いたことが逆に過去の清算につながったようである。少年美におぼれていても、美少年はやがて大人になる。風流を極めた男には、そんな日が来るのが恐ろしかったのだろうか——だから恋愛の絶頂期に、自ら幕を引いてしまった。

本人は年上の兄貴分だから、相手の美少年が少年でなくなれば、別の少年に変えることも可能だったろう。美少年は永遠に再生産される。だがこの男はそうはしなかった。それだけ美少年一般というよりも、千之丞という特定の少年に惚れこんでいたともいえるが、桜を眺めて悟った『色物語』の老人を思いおこせば、この火打石売りの男にとっては、千之丞の存在そのものが桜だったのだろう。

こうした美少年そのものの〝桜的性格〟については、稲垣足穂が鮮やかに説いている。

「二十歳すぎての只の人」なら未だいい。第二性徴は、各少年がその父祖家系から受けついでいる「非芸術的部分」を漸く拡大してくるのが常である。女性の場合のような自然性による擁護がないのだから、少年の其後における転換は殆んど絶望である。少年的葉桜の物忘れしたようなうたてさは、先の花姿の自乗に逆比例する。

（『少年愛の美学』）

成長してしまった少年は「只の人」どころか「非芸術的」な存在におちぶれてしまう。足穂はいみじくもそれを「葉桜」と表現した。この一節には、第9話で述べた美少年と美女の散り方の違いも示唆されている。つまり、女性は成長して徐々に美を円熟させ、そこから老齢へと移行するのだが、成人前に既に「葉桜」となってしまう美少年には、熟女的な美の可能性があり得ないのである。

人も知る「風流男《やさをとこ》」だったからこそ、こうした美少年の運命を、三木は鋭敏に察知して、「物忘れしたようなうたてさ」に自分は耐えきれないとふんだのだろう。風流な過去の生活をかなぐり捨てて火打石売りになったのは、「まことに石火《せきくわ》の光」――この世のことはすべて一瞬輝いて消える火打石の光のようにはかないもの――と〝美少年桜〟とつきあうことで悟ってしまったからだった。「お迎えにあがります」と約束した千之丞は、かつての恋人が、てっきり派手な生活のツケが回って貧乏になり、おちぶれたのだとひとり合点したようだが、そうではなく、この男は自ら華やかな生活を捨てて橋の下への道を選んだのである。

千之丞には、そんなモト彼の気持ちはいまひとつ理解できなかったようだ。またしてもゆくえを見失ったので、都《みやこ》中を捜し回ったが、ついに探しあてることができず、せめて彼をしのぶよすがにしようと、男が残していった火打石をかき集めて塚を築き、死んだ人を弔うようにその横に草庵を結んで、お坊さんを置いて塚を守らせた。浅之丞のような〝後追い出家〟をすることはなく、現世にとどまったまま、恋の思いを塚に託したのである。

〝形を変えた心中〟に至らなかったのは、相手が本格的に出家したわけではなかったので、風流人の真意が伝わりにくかったということか。いやそれよりも、相手の恋人が浅之丞のように同じ若衆《ビシヨウネン》ではなく、年上のオッサンだったという違いが大きいだろう。千之丞は相手の美貌に恋していたのではなく、彼という人間を愛していた。だが相手は、千之丞という人ではなく少年美に恋していた。ここにスレ違いがあった。もしモト彼も玉川主膳のように同じ役者であったなら、千之丞ももしかしたら、おのが姿を鏡に映すような心地がして、世捨て人の姿に走ったかもしれない。

「美童の裡には、(美女における人の命を断つ斧にもまさって)われわれをして、「もはや浮世のわざには適すまじ」(プラーテン伯爵)に追いやる危険が蔵されている」(『少年愛の美学』傍点ママ)という足穂先生のご託宣通りの道を、玉川主膳も火打石売りの男も辿ってしまった。「美童」とのつきあいが引き金となって、浮世からオサラバする羽目になってしまった。

これは果たして悲劇だろうか。遊女と恋人との心中は、近松の浄瑠璃芝居のように悲劇として人々の涙をそそる。しかし、男たちの〝形を変えた心中〟は、どうやらそれと同類にはできないようである。

ストレートな男色・女色の対決であった『田夫物語』では、前者の審美的性格、後者の現世的性格が鋭く対比されていた。男色派たちは現世の、つまり浮世の価値観や実利性から離れ、非日常の世界に遊ぶことを誇りとしていたのだから、日常世界を脱出すること、すなわち現世拒否の姿勢は、いわば男色の美意識を突きつめた結果といえる。千之丞の場合は男色の美学ではなく、人としての愛を望んでいたので、パートナーを失ってしまったが、浅之丞と可見のカップルは、二人して美少年愛の究極の境地を求め、日常を越えた彼らなりの美意識を完成させたといってよい。

訪れる人を拒否した草深き庵という閉鎖的空間は、そこだけで自己完結するひとつの小宇宙をつくり、誰にも邪魔されぬ二人の閉ざされた愛の城となる。色や愛という観念も、もはや彼らの間からは消滅しているだろう。そんな次元に悩むのは俗世間の人々であって、二人はもう一緒にいるだけで〝二人で一人〟の世界を形成している。それは二人が共に、美男《イケメン》の誉れ高き若女方としての自意識を共有していたことで可能になった境地である。

かくてわれわれは、いずれも人間の割符《シュンボロン》に過ぎん、比目魚《ひらめ》のように截り割られて、一つの者が二つとなったのだから。それで人は誰でも不断に自分の片割れなる割符を索める。だから、かつて男女《おめ》と呼ばれた双形者の一半に当る男達はすべて女好きである。……男性の片割れである者はいずれも男性を追いかける。……彼らをそうさせるのは無恥ではなくて、むしろ大胆と勇気と男らしさとである……、彼らは自分に似たものを愛重するのである。

プラトン『饗宴』(紀元前四世紀頃)の有名な一節であるが、私たちはこの文章をそのまま、浅之丞と可見の二人に捧げることができる。二人は互いが互いのナルシスであり、鏡に映した自分の姿を相手に見ているのだ。浅之丞が可見の出家の真意をくみとれたのも、お互いが「割符《シュンボロン》」のような存在だったからに他ならない。千之丞がもし浅之丞のように世を捨て、風流男にならって橋の下の生活に身を投じたとしたら、火打石売りの男もエスケープすることなく、あるいは千之丞を受け入れたかもしれない。しかし「割符」性が乏しいゆえに、一方の真意が他方に伝わるのも難しかったのだろう。

二人のナルシスの築きあげた小宇宙の内実を理解するには、やはり足穂の言が参考になる。

ナルシシズムはなるほど一つの自閉状態である。しかしこの楕円世界に立脚しない限り、いかなる抛物線も双曲線も成立しないのである。

男性的特質とは、なにも女性をして妊娠せしめることや、力の闘いの上にだけ懸ってはいない。そんなのはむしろ凡庸の道である。彼は一身にアクティヴとパッシィヴとを複合させて、精神的な単性生殖に従事する者でなければならない。であって初めて、

「オス」ではなくて、「本当の男性」だということが出来る。（『少年愛の美学』）

可見たち二人は大坂の一角に、足穂の言うようなナルシシスティックな「自閉状態」を作りあげた。そこは女のいない男だけの小宇宙である。男は女の力を借りずに、いくらでも男になれる。そのことを実践した「精神的な単性生殖」に生きた二人――足穂のいう「本当の男性」と、同性愛者を「本質上もっとも男性的な者」（『饗宴』）とするプラトンの言は、申しあわせたように重なりあっている。

共に出家して、現世を越えた絆を結んだ二人。「もしも女装者や女性化した男子が現われたりしたら、却って同性愛ではないとも云える」（『少年愛の美学』）と足穂が説くように、男どうしの愛を完成するには女の模倣は必要なく、坊さんの姿で十分である。

こう考えれば、高野山がその道の総本山といわれていたのも新たな角度から頷ける。脱俗の手段としての女性拒否から導かれる男色、つまり脱俗→男色という方向性のみでなく、男色→脱俗という方向もありうる。高野山という山の中の他界は、女の力を借りずに「精神的な単性生殖」をするための自己完結的小宇宙を用意する。もちろん、現在の高野山は男色の砦としての閉鎖性は無く、女性の入山も排除していないが、かつての山中他界には男色のパラダイスとしての可能性も求められていたのだ。

可見たちの隠遁した寺も、高野山ほどの高さではないが、玉手山という山をひかえている。過去には遊園地も隣接し、今は公園となっている由。いにしえの美少年の小宇宙をしのぶよすがは残っているだろうか。

第11話　美少年と美女とが限りなく近づく時——『男色大鑑』その四

双子のナルシスのような美少年女方《イケメン》二人が、仲よく出家して築きあげた愛の小宇宙。では、そもそもすぐれた若女方とはいったいどのような少年だったのだろうか。二人の現役の頃をしのばせる、ある名女方の描写に注目してみよう。

情《なさけ》ふかく、一座けだかく、酒すぐれて呑《の》みこなし、文《ふみ》などこれにつづきてまねする子もなし。　（『男色大鑑』巻七の二）

情愛が細やかで、上品で、酒の飲みっぷりもよく、手紙を書かせたらまねのできる者のないほど上手い。飲みっぷりがよいというのは、単に量が飲めるというだけではなく、酒席のあしらいが巧みなのである。手紙はごひいきのお客さんに書くのが仕事の一部であり、内容や筆跡におのずと教養がにじみ出る。

さらに具体的には、

水仙の早咲きの季節に訪れた客には、雪昔という銘の宇治茶の壺の口を切ってもてなし、春は桜の絵に、古歌かと思われるほど見事な和歌を、自ら筆をとってしたためる。五月雨の降る夜は初音という香を炷《た》き、「ほととぎす今にも」と待つお客を大いに満足させ、秋は月をながめ、書物を読み、ひとつひとつ風雅なたしなみを身につけて、万事品よくふるまっている。　（同前）

大坂は道頓堀に名を馳せた女方・松嶋半弥《まつしまはんや》の人物描写。主膳と浅之丞は江戸の役者であったが、「人の命をとる程の女方、よろづの拍子事、またの世にも出来まじき名人」（主膳、巻五の四）、「すぐれてうるはしく情もふかく、諸人の恋種《こひぐさ》」（浅之丞、同前）とされる二人も、〝才色兼備〟で心情も豊かな、ちょうど半弥のような美徳を備えていたと思われる。

『田夫物語』の男色派たちは、若道こそ「華奢」でオシャレの極致と述べたてていたが、さすがに一流の女方ともなれば、和歌のたしなみ、筆跡の見事さ、茶や香など、人並みすぐれて風流な道を心得ている。こういう若衆を相手にする男も男で、「ほととぎす今にも」と待つからには、半弥のもてなしが「きくたびに珍しければ時鳥　いつも初音の心ちこそすれ」という一首をふまえていることを理解する教養をもっているわけである。客の側も風流人としての素養がある男でなければならないわけだ。

実際にこのようなおつきあいが行なわれていたとしたら、教養ある男としては楽しいに違いなく、江戸の美少年たちは現代の歌舞伎役者も顔まけの洗練された〝文化人〟ぶりを発揮していたのである。

現代にも通用する〝文化人〟ぶりのみではない。半弥のすばらしさはまだまだある。

殊《こと》にはその身生《みむま》れ付きてならべ枕《まくら》に打ちとけてより、人の命をとる程《ほど》の事ありて、稀《まれ》に逢《あ》ひぬる客も忘れがたくて、跡引きて明暮《あけくれ》恋にせめられ、借銭の堀へはまりし人かぎりしられず。

（巻七の三）

一夜を共にしてうちとけあえば、「命をとる程」の楽しみを味わわせてくれ、時たま会う人も半弥のことを忘れられなくなってしまい、皆々半弥とつきあうために散財してしまうのである。近代人の筆であれば、歌や書、香等のたしなみを讃えた後にこのような〝はしたない〟内容を続ける筈がないのだが、これがあってこそ当時の若衆のすばらしさは完璧になるのだ。性的な技巧と、存在の「けだかさ」、上品さが決して矛盾しないところに、当時ならではの美少年観がある。

『男色大鑑』には美少年たちの夜のふるまいについて、さらに具体的な記述がある。

吉田伊織という若衆は、床に入ったとたん、相手がうれしがるような言葉をさんざん並べたてるので、客は枕をあてた瞬間から、命も金もどうなってもいい、と思うほど舞い上がってしまう。一方、藤村半太夫は最初のうちは口数が少なく、客のそばに近よろうともしないので、客は気をもみ身をもだえ、だんだんあせりを感じ始める。ちょうどその時をとらえて、一生忘れられないほどの愛の言葉をたった一言ささやいて、客をとりこにする。(巻七の一)

少年たちはただ漫然と客に身をまかせるのではなく、それぞれ工夫をこらした〝演技力〟

でサービスにこれつとめている。即物的な快楽の追求というよりは、夜のおつきあいも機智にとんだコミュニケーションの一種というべきものになっている。

吉田伊織と藤村半太夫は、「この世でこれほどすばらしい役者は他にいない」とまで讃えられた京都の名役者。二人は日頃から、客の座もちもきわめて見事で、ユーモアとウィットに富んだ対応で客の気をそらさなかったという。座敷での客あしらいの巧みさと、床での絶妙なパフォーマンスは、頭の回転の速さあってのことなのだ。まことに、ありとあらゆる面で才智のきく少年でなければ、名役者はつとまらなかったのである。

こうした美少年タレントたちの備えていた長所は、そっくりそのまま一流の遊女たちに要求されていたものである。

そもそも超一流の遊女というものは、琴はどんな曲でも弾きこなすことができ、三味線も抜群に上手いが、それでいて決してひけらかしたりせず、何もできないふりをしておっとりと構えている。古歌は二三千首ほど頭にインプットされており、清少納言や紫式部の古典にも親しんでいる。文字の美しさもなかなかのもので、必ずしも手紙で客をオトそうというわけではないが、手紙をしたためるのは色道の基本中の基本なのだから、何よりもまずたしなんでおかねばならない。

（浮世草子『好色敗毒散』）

琴、三味線等の音曲にたけ、古典文学に通じ、手紙の書きぶりもすばらしい。これは一般論として遊女の美徳を列挙したものだが、『好色一代男』にはこうした条件を十分に備えた実在の遊女たちの姿が、キラ星の如く並んでいる。例えば大坂の新町の廓に名をはせた名妓・夕霧は、

物ごしよく、はだへ雪をあらそひ、床《とこ》上手にして、名誉の好《すき》にて、命をとる所あつて、あかず酒飲みて、歌《うた》に声よく、琴の弾手《ひきて》、三味線《さみせん》は得もの、一座のこなし、文《ふみ》づらけ高く長文《ながぶん》の書きて、物をもらはず、物を惜しまず、情ふかくて手くだの名人

（巻六）

と、容姿の美しさはもとより、酒もいける口で、音曲も巧み。手紙も上手く、性格もケチくさいところがなく、思いやりの深い女性。長々と原文を引用したのも、「一座のこなし」、「情ふかく」、「命をとる所あつて」といった若衆の魅力との共通点を明示したかったからである。同じ西鶴の筆ゆえに描写が似るという面もあろうが、美しく教養があり、「命をとる」

ほどの「床上手」という表現は、名女方の描写とぴったり重なっているのである。

歌を唄えば魂をとろかし、琴を弾き和歌も詠み、茶は上品にたて、ある時は花をいけ替え、ある時は時計を仕掛けなおし、娘たちの髪をなでつけもする。そうかと思えば、碁の相手になったり、笙を吹いたり、面白い話を語って聞かせたり、ひとつとして人を退屈させるところが無い。

（井原西鶴『好色一代男』巻五）

京を代表する遊女・吉野太夫も、すぐれた若衆と同様、楽器も弾ければ茶道にも和歌の道にも通じ、日常生活でも様々な心配りができる。まさに万能選手である。こうなると一流の美少年女方と遊女とは、単に身体のつくりの違いだけではないかと思えてくるが、実際、この吉野太夫をまねて本人以上との評判をとった名女方がいる。

伊藤小太夫という若衆は、生まれつきさわやかな性格で、物静かなたたずまいは天性の女方、おしゃれでしとやかな身のこなし、舞いも音曲もバッチリ。まさに女方になるために生まれてきたような少年であった。この少年が「吉野身請けの狂言」で吉野太夫の役を演じたところ、本物の吉野も色があせてしまうほど見事な道中姿だったという。

名高い女方の吉沢あやめが、遊女に学んで芸を磨けと説いたのはよく知られているが、女方は文字通り限りなく女に似せるのが仕事なのだから、外から見た風俗を遊女に似せれば、〝才色兼備〟の実質がほとんど遊女そのものとなるのも必然である。

『田夫物語』や『色物語』によって、男色と女色がいかに異なるかを教えられてきた我々だが、こうなると美少年と美女のいったいどこがどう違うのか、と改めて問い直したくなる。なにしろ歌舞伎若衆たちは、以下に示すように、限りなく美女に近い外見を誉め讃えられていたのだ。

本物の吉野も顔まけだった小太夫は、「女そのものの風流な面影」で、ある僧侶の「女めづらしき心」を満足させ、さきに京都の女方の双璧として紹介した吉田伊織、藤村半太夫の二人は、「絵に残された昔の有名な美女さながら」と讃美される。袖嶋市弥《そでしまいちや》、川嶋数馬《かわしまかずま》、桜山林之助《やまりんのすけ》、袖岡今政之助《そでおかいままさのすけ》、三枝歌仙《みつえかせん》らの人気女方は、「美しい上に女のように紅い腰巻をつけているところがナントモ色っぽい」と喜ばれているし、若衆の名を「小紫」や「かをる」と遊女の名に似せてつけるのも、「やわらかくて響きが良い」と好感をもたれているのである。若衆たちもこうした客のニーズに応えて、もっぱら本物の女性の風俗に学ぼうとした。

例えば、京の名女方であった上村吉弥《うえむらきちや》は、「実際の京女のファッションを観察して、何かいいヒントがあればぜひとり入れよう」と、祇園町《ぎおんまち》のある家に簾をかけさせ、道ゆく京女のウォッチングに励んだのだった。

限りなく美女に近い美少年を、という欲求が昂じると、ついに「女の方が美貌が長もちする。女方の藤田皆之丞をそのまま女にしてしまいたい」とまで言われるようになる。再三説かれてきたように、「若衆のさかり」は「四、五年」と短いのに対し、女性は成人しても熟女の色気があるから、いっそのこと名女方が女そのものであったら長く楽しめるのに、というわけである。

こういう意見に、「なんて悪趣味なんだ。類いまれな美少年を美女にしようナンテそれこそ邪道だ」という〝正統派〟男色側からの反論がわきおこるのも、むべなるかなであった。西鶴も、「男色を本当に好きならばこうでなければ」と、後者を支持している。しかし、できれば名女方を女そのものにしたい、という人たちは〝あまた〟いたのであって、美少年役者たちが自分たちの手本を美女、ことに遊女に求め、彼女たちの身のこなしや風俗に習おうとしたのは事実である。

本当の「同性愛」にとっては女性の模倣など必要ないという前話での足穂の説と、なんだか矛盾してしまったようだ。では、限りなく美女に近い若衆との恋は、「同性愛」とはいえないのだろうか。若衆との交際は、「同性愛」としては〝二流(?)〟のものにすぎないというのだろうか。

もし男どうしの恋を、あらゆる人間があらゆる人間を愛する可能性のひとつとするならば、いたずらに美女的な美少年を求める欲求は、美少年を少年として愛さず、美女の代替物にすぎないものに化してしまう〝間違った同性愛〟という見方もできるかもしれない。だが、これをもって「同性愛」の〝堕落〟とみなしてしまうのは早計である。どのような動機づけであるにせよ、恋のあり方は多様なのであり、他人がその正否を判断することはできない。また、近代の「同性愛」は「同じ性」であることを定義とする特徴があるが、江戸の男色は、大人の男が少年に恋するという異質性にこそ魅力がみいだされていたので、近代的同性愛と同一視はできないのである。

さらに、美少年と美女とが限りなく近づく次元には、江戸ならではの「色道」の美学が存在していた。

「浮世の事を外《ほか》になして、色道《しきだう》ふたつに寝ても覚めても夢介と替名よばれて」と、『好色一代男』の主人公・世之介の父親・夢介は、「色道ふたつ」、つまり男色・女色の両方に、寝ても醒めてもうちこんでいた。それは「浮世の事」を度外視した行動であった。色道修業とは、すなわち、「浮世」＝現世を忘れる営みであるということが、ここにはっきりと示されている。

実際、美少年とデートしている時には、この世の中が何もかも違って見える。

東山の月は紫帽子をかけた若衆のうるわしい顔に見えてくるし、祇園林の鳥の羽の色もおしゃれな茶色に変わって見える。恋する美少年を目の前にすると、心も上の空で前後不覚になってしまう。

（『男色大鑑』巻六の一）

彼とドライブしていると中央高速が夜空へ続く滑走路になる、というのはユーミンの古典的名曲だが（世代がわかりますね……）、男女の恋にも男どうしの仲にも同じ幻覚作用がおこる。世の中が別世界のように輝いて見え、夢の世界に陶酔できるのは、いつの時代も変わらぬ恋の魔法だ。

すばらしい遊女を相手にしている時も、「これや寂光《じやくくわう》の都」（『好色一代男』）と、やはり極楽浄土に行ったかのような恍惚感を味わえる。男色・女色の「色道ふたつ」が並置されていたように、浮世を離れた夢心地に遊ばせてくれるという意味では、美少年を相手にするのも美女を相手にするのも同じことなのである。

ただし、「恋」の理想には永続的な「愛」の可能性は含まれておらず、その意味で「色道」の理想と近代恋愛の目標たる結婚とは異質である。「色道」が理想化する美女が遊女にゆきつく理由もここにある。なぜなら遊女という女性は、浮世を離れた「遊び」の相手であり、日常世界の煩わしさから逃れて、ひとときの夢を提供してくれるのが、当時のすぐれた遊女たちに期待された役割だったからである。現世的なるものをすべて忘れ去るために、子供を作り家庭生活を営むという、華奢者たちが嫌悪していた日常性を、遊女という存在も女性ながら切り捨てている。

生活の臭いを忘れ果てて解放感にひたりたい――遊女たちが妊娠をタブーとされていたのは、仕事に支障をきたすという現実問題とあわせて、こうした現世離脱の欲求に応え、日常的次元を切り離すという審美的意味があったといえる。『田夫物語』にみられたように、男色派たちの価値観は、女性との結婚生活を人の道とする田夫者のライフスタイルとは、まっこうから対立していたのだが、家庭生活から切り離された遊女に限れば、美女は限りなく美少年に近い存在となる。

稲垣足穂は、「一般としての女性は、彼女らのエネルギーと時間を人間複製のために費い《(ママ)》

すぎている。恰もそれを除いて自分らの任務はないかのように。彼女らはいまだに「子宮に四肢が付いている状態」を脱し切れない」（『少年愛の美学』）という論法で、女性というジェンダーを暗に美少年より低くみている。ところが遊女たちは、子供を持つことを否定されてもっぱら遊びの相手とされるのだから、いわば「子宮に四肢が付いている状態」を脱している美少年的美女といえる。もっとも、それは男色派の世界観の枠内での評価であって、逆に日常性を切望する遊女にとっては、抑圧と悲劇の源であることを忘れてはならない。

第12話　色道の美学をつきつめてみる――『男色大鑑』その五

美少年と遊女とはなぜ限りなく近づくのか――その理由は両者がともに「浮世」から脱出させてくれる夢の提供者である点にあった。美少年は遊女を模倣することで美女的少年をめざし、遊女は家庭役割とは無縁であるために、美少年的に客に、非日常的陶酔を与える。そこに通底しているのは江戸の独自の美学、すなわち「色道」の美学であった。

手紙を書くこと、音曲のたしなみ、和歌の心得、これらは「色道の基本」である、と『好色敗毒散』には記されていた（第11話）。若衆買い、廓通いの習俗を知り、名女方や名妓の条件にためらいもなく性的要素が書きこまれているのを見ると、近現代人は、「好色」とは淫らな世界であると把えかねないが、若衆や遊女は近代的な意味での欲望処理の対象ではなく、和歌の才や音曲のたしなみが要求される当時の〝総合的エンターテイナー〟であった。

「色道」とは無秩序な性の欲望を噴出させる装置ではなく、書道、華道、茶道など様々な「道」を動員し、歌舞音曲もあわせて、人生のひとときを美的、非日常的な時空間にするための手段だったのである。

ではなぜ、美の提供者たる若衆や遊女たちが、同時に身体も提供する必要があるのか。性に関わることが〝低俗〟であり美に反するものであるという近代的な意識を、江戸の「色道」は根底からゆさぶる。

男色の美学は、現世や日常性を超越した次元に求められると再三説かれている。日常世界を支配する原理とは、つきつめればこの世で生きながらえるための原理、生命の維持や種の保存といった生き物としての基本的欲求である。『田夫物語』の女色派たちはこの原理をタテにとって、結婚し、子供を作り、家系を存続させることの重要性を主張したのだった。

こうした日常世界を支配する原理から脱したいとするならば――生命の維持、種の保存の究極の手段であるはずの性的営みを、その実利性から切り離してしまうのが有効ではとの発想が生じる。J・デュヴィニョーは「性行為を快楽にふり向けることで……宇宙の炸裂や、輝きに道が開かれる」と述べる（『無の贈与――祭りの意味するもの』）。同書が演劇の始原論でもあるように、人に非日常的なカタルシスを与えたり、美のきらめきをみせるのが芸能という行為であるならば、その出発点は、性の生殖という目的からの切断にゆきつくという見解にも頷ける面がある。

田夫者たちの信条であったあの、家庭を維持し子孫を繁栄させるといった日常生活の原理を度外視する営為は、「食物摂取、交合、自己保存という純生物学的過程よりも高い領域」（ホイジンガ『ホモ・ルーデンス』）や、「人間的実在性」（オイゲン・フィンク『遊び――世界の象徴として』）に至ろうとする「遊び」と言い替えることもできるかもしれない。「色道」の美意識とはまさに、そうした「純生物学的過程」から切り離された「遊び」の美学であり、「遊びのなかでは、生活維持のための直接的な必要をこえて、生活行為にある意味を添えるものが「作用《プレイ》し」ているのである」（同前）。人間の諸活動のうち最も動物的部分と卑しめられがちな性を、欲望を満たすためではなく、種の保存という目的を果たすためでもなく、美的な夢へと昇華するのが江戸の「色道」の美学。江戸〝文化〟は実はそこに多くを負っている。だからこそ、すぐれた若衆や一流の遊女たちは、性的テクニックとともに、あらゆる〝文化的〟活動においても超一流でありえたのである。

もっとも〝文化的〟という表現は今日の我々の価値判断であって、「色道」に含まれていた性的要素を卑俗なものとして排除してゆく近代化の過程において、〝高尚〟な〝文化〟という概念は浮上してくる。現代の芸能や歌舞音曲の世界が、遊女や若衆たちに担われていた過去を忘れ果てた（あるいは意図的に忘れている）かにみえるのは、性を猥雑視する近代的価値観により、「色道」の美学が過去のものと化してしまったからである。

デュヴィニョーは「西欧演劇が成立するためには、……「男色者」が必要」と指摘しつつ、「男色者」を「犯罪者」とほぼ同じ次元で論じてしまっている。一方、我が日本では対照的に「色道」の美学が存在していたため、「生殖のメカニズムを中断して性愛を快楽に変質させる「特殊で機能的な活動のスキャンダラスな変更」（デュヴィニョー）というまでもなく生殖と直結しない男色が、芸能的営為と不可分に結びついていた。華奢者たちが田夫者たちに対して、美的優越感を抱いていたのには、確かに一理あった。

華奢者たちは、日常的な「浮世」の原理を離れて美的世界に遊ぶことを誇りとしていたが、やがてはそこさえもつきぬけて、すべての浮世の欲から離れ、究極の「無」に限りなく近づいてゆく。すなわち出家という形で自己実現するのも、男色の美学の必然的着地点だったのである。

ただし、「色道」の世界は美的に完結しきっているわけではなかった。遊ぶ側の客たちはひたすら夢の境地にひたってイイ気分になれたとしても、サービスを提供する遊女や若衆た

ちは決して楽をしているわけではなく、逆に心身を消耗する苛酷な労働を強いられる。美を味わいたい人たちはたくさんいるが、美を提供できる才のある人間も限られている。そこで、限られた人間であるところの美少年や一流の遊女には客が蟻のように群がり、彼ら、彼女らはそういう客たちに分け隔てなくサービスせねばならなくなる。なにしろ同じお金さえ積めば、美を求める権利が万人に開かれるというのが消費社会の原理であるから、商品化される遊女と若衆の身体は、経済力を握った不特定多数の客に無限に搾取、蹂躙されてしまう。

この悲劇を描写する西鶴の筆は、さすがにリアルである。

遊女と若衆、女と男の違いはあっても、色を売る辛さは似たようなものだ。昨日は無骨な田舎侍に気に入られ、夕方から夜ふけまで無理に酒を飲まされてヤレヤレだったかと思えば、今日は今日で、

『男色大鑑』（巻７の１）より（国立国会図書館蔵）

七、八人のお伊勢参りツアーに団体で買われ、床入りの相手を決めるのにコッソリくじ引きされるという有様。こういう時は運の悪いもので、グループの中には少しは好みのタイプの客もいるのに、くじにあたるのはたいていイヤな感じのオッサンときている。くじにあたって喜ぶオッサンは、こちらの髪の毛がグチャグチャになるのも構わずむやみに頭からしなだれかかり、爪ののびた手で抱き寄せ、ろくに歯を磨いていないクサい口を近づけてくる。ゴワゴワした肌着が身体にふれると思わずゾッとして、革たびの臭いもキョーレツでつい鼻をふさいでいると、衆道のノウハウも知らずに、すぐにふんどしを解き始めるのだ。

（『男色大鑑』巻七の一）

買われる立場の少年は、客を選り好みすることができない。ムサい田舎侍でも、礼儀を知らない下品なオッサンでも、お客サマとなればお相手せねばならぬ。読んでいると、まるで、爪の長い手で引き寄せられ、臭い口から息を吐きかけられたような気がして、ウッときてしまうではないか。「衆道」の美的な作法もヘッタクレもなく、若衆を単なる欲望のはけ口としてしか見ていない性急な客の態度がありありとうかがえて、若衆の苦労がしのばれる。

こんな嫌な客まで耐え忍んでも、収入はどこへゆくかといえば、「これみなわが身の徳にはならず、親方のためばかりにして」と、稼ぎのほとんどをピンハネされる遊女と似たりよったりの状況である。そればかりではない。時には客のために、大切な自分の身体を自分で切りきざむ必要さえ生じてくる。

それにしてもよく勤めが続くものだ。人の身体というものは一疋蚊が食っても、ほんの少し刺が立っても気になるものなのに、義理にせよ欲にせよ、キチンと決まった数があってそれぞれに役目もある指を、よくも切ったりできるものだと、あわれがいや増す。

（同前）

客への思いを証明するために指を切って渡す。これも遊女のテクニックと同じである。ひとつしかない身体に傷をつけねばならぬ身の上に、西鶴もいたく同情し、「なほ勤め子のかなしきは限りもなし」、「さりとてはよくも勤めの身なり」（同前）と、くり返し職業としての若衆のつらさが指摘される。美少年と遊女とは、理想の姿が近いと同時に、買われる者としての悲劇も共有していたのである。

だが、たとえつらくとも「銀《かね》が敵《かたき》」と我慢しているという西鶴の筆致には、商人の社会上方で鍛えられた西鶴ならではの、消費社会に対する鋭い目が光っている。非日常的な「遊び」や夢を体現する美少年たちが消費社会にくみこまれた時、「遊び」の堕落の危機が生じる。「祝祭、祭祀の領域――聖なる領域」（『ホモ・ルーデンス』）であった「遊び」が、それを売る人々にとっては〝生活手段〟という最も現世的行為になってしまうという、皮肉な逆転が生じるからである。

若衆《ビショウネン》たちは、最初のうちは本心から客とつきあっており、デートを重ねても決して物をせびったりせず、人形や手拭い、歯磨き粉といったちょっとしたものをやるだけで喜んでいたのに……

（『男色大鑑』巻五の一）

まだあまり本格的な商業ベースにのっていなかった時期の若衆たちは、芝居がはねてからも親身に客に接しており、交際が続いても決して金品をねだったりせず、せいぜい子供だましのおもちゃや手拭いなどをやるだけで満足していた。ところが、

イマドキの若衆《ビシヨウネン》ときたら、親類にも金を都合してやろうとしない。昔は情愛も深かったのに、いつのまにかスレっからしの遊女のようになってしまった。これとねらって親しくする客はいいカモにして、リッチな客とはわざと小宿で逢ったり、盃の酒の量をチマチマ気にしたりする。そのうち、やれ薬師サマの縁日だ、八幡サマだ、清水観音の日だと口実をつけて特別料金日を設定し、毎月ウカウカと会ってもいられなくなりそうだ。

（同前）

純情で誠実だった少年たちがガメつくなり、客に対する「情《なさけ》」は二の次にして、いかにしてお金をもらえるかということしか考えず、打算的な接客になってしまう。そのうち遊廓のように、特別料金を支払わせる「紋日《もんび》」を設定して、ノンビリと遊べなくなるだろう……タ

メイキ。

だが、せちがらくなるのを責めるのもかわいそうで、なにしろ勤めはつらいのだから、というフォローを西鶴は忘れていなかった。「色道」が消費社会の成熟につれて発達していった以上、いずれこのような〝堕落〟が生ずるのは避け得ない宿命だったのである。

とはいえ、悲劇性だけをあげつらうにとどまっていないのが、西鶴のバランス感覚である。

それでもこの勤めのせつなさを忘れてしまうのは、多くの人々の憧れのマトとなって、自分の容姿にウヌ惚れ、宿に帰れば「アナタは大スター」と皆がかしずくので、イイ気になってつい身体がボロボロになるのもわからないでいる。こんな実態を見れば、男女の違いはあっても、薄命の身は遊女と全く変わらない。（『男色大鑑』巻七の一）

どんなに苦しいことがあっても、人気が出て大勢の人々にチヤホヤされると、つい己れのカッコよさに酔い、身を削って働いていることも忘れてしまう。こんなところまで美少年と遊女は同じなのだ、と西鶴は喝破している。

現代のタレントさんたちは江戸の若衆のように身を売らずとも、芸能人として活躍できるのだから、それだけ文化は〝進歩〟したといってよいのだろう。しかし、人が美しいものを買おうとする時、その欲求の貪欲さと、飽きた時の残酷さは昔も今も変わらない。江戸の美少年たちにとどまらず、現代のアイドルたちにも、男女を問わず、人気の栄枯盛衰と、西鶴が描いたようなはかないプライドが見すかせないだろうか。

性という要素が脱落しても、美の消費に関わる悲劇は、美少年にも美女にも同等にふりかかる。美の享受者は楽しいが、美の提供者の舞台裏はいつの世もシンドい。我々はそこに潜在する差別の深刻さとともに、美を消費する存在としての人間の一種の残酷さを見据えるべきなのだ。そう、文化の歴史とは一面、そうした非情さの上に成立してきたのである。

それでも美少女芸能人であれば、中年を迎えても熟女的色気を加味して人気を持続し、いや増加させる可能性もありうるが、〝葉桜〟的もと美少年アイドルの末路はきびしい。状況は美少年に対してより苛酷である。

しかし、遊女にあって美少年にはなかった悲劇性も指摘しておかねばならない。男色においては避妊の苛酷さはないが、遊女は女性である以上、妊娠の可能性があり、むごい堕胎のために命を落とす例もあった。稲垣足穂的少年愛の美学にてらせば、遊女は「子宮」を「脱し」た存在だが、遊女の立場からすれば、むしろ母になりたくてもなれない抑圧となる。遊女たちが「子宮」を無化されたのは、必ずしも自発的選択によるものではないのだ。

　では、より〝解放〟された現代の女性たちはどうかというと、「種の保存に携わるばかりが能ではあるまい」という足穂の忠告（？）に応じるかのように、少子化が進行している。主体的意志として子供を作ることに関心を示さず、別なところに自己の存在意義を求めようとする女性もいる。そういう場合は産むことを期待される方が〝抑圧〟で、いわば、限りなく美少年的な美女をめざしているといえようか。

「色道」の美学とは別の次元で、現代の美女と美少年とは接近しつつあるが、出産か社会的活動か、二者択一が女性のみに迫られがちで、どちらもとろうとするといまだ壁がある日本の環境は、遊女と非遊女に似た江戸的な女性の二分法をどこかでひきずっている。

第13話　死の直前の美少年は最高に輝く——『男色大鑑』その六

生殖第一という価値観の否定によって、美少年と美女との間は限りなく近づいた……かに見えたが、イヤイヤそんなのはまだナマぬるいとばかり、生命そのものの否定、すなわち死の肯定へとゆきついてしまった男たちがいた。男色では子供ができないから人類の滅亡につながる、というのは江戸の男色批判のキリフダのひとつだったのだが、男色派たちは生命の存続に直結しないことにヒケ目を感じるどころか、逆に堂々とそれを男色世界独自の美学としてうち出すようになるのである。生の否定というとネガティブに響くが、死の肯定というとポジティブかつアクティブになる。子供が作れないから……とやむなく生を否定するのではなく、死を積極的にうけ入れることに価値をみいだすのである。

男色の物語には〝潔い死〟をたたえたエピソードがいかに多いことか。『色物語』の逸話で腹を切った下僕にもその片鱗はみうけられたが、『男色大鑑』もそのテの話にはコト欠かない。満足気に死んでゆく男たちの雄姿に、スポットをあててみよう。

今回ご登場いただく美少年は、その名も伊丹右京《いたみうきょう》。まるで少女マンガの主人公につけられそうな名前だけあって、「よろづ花車《きやしや》の道にかしこく、形《かたち》は見るにまばゆき程の美童」（巻三の四「薬はきかぬ房枕《ふさまくら》」）。既にご登場いただいた歌舞伎若衆たち同様、風流の道にすぐれ、まばゆいばかりの美形《イケメン》、まさに〝才色兼備〟の少年だった。ただし、右京は歌舞伎役者ではなく、さるお家に仕える武家の少年である。

この少年と同じお家に仕えていたのが母川采女《もかわうねめ》。これまた少女マンガ好みの優雅な名前にふさわしく、性格のスッキリした現代《イマ》風の若者。この采女がある時、右京の美少年《イケメン》ぶりをひと目見て、すっかり心を奪われてしまい、恋の病にとりつかれて気もそぞろ、足もともフラフラという有様になってしまった。ついには寝こむまでになり、まっ昼間から扉を閉ざしてもの思いに沈んでいた。〝ひと目惚れ〟とか〝お医者サマでも草津の湯でも……〟は男色の世界でも同じことである。

これほど思いつめていながら、友人たちには病の原因をかたくなに黙っていたのだが、若い同輩たちが心配して見舞いに来てくれた中に、意中の人・右京の姿もあって、意地っぱりの采女もついとり乱し、周囲のものはその態度の変化に、ハハァさては右京に気があるナ、と察してしまった。

恋心を隠していたのは他でもない、采女には既に決まったひとがいたのである。決まったひと、といっても女性《ひと》ではない。やはり同じ家中の男性《ひと》で、志賀左馬之助《さまのすけ》という男。フリーでは無かったものだから、別の少年に目移りしてしまったのを言い出しかねていたのである。ところが左馬之助は、恋人の気持ちを知って嫉妬するどころか、見舞客が帰った後にただ一人居残って、「さっきの連中の中に好きになった少年《コ》がいるんだろう。遠慮せずに何でもうちあけてみろョ」と枕もとでそっとささやいてやった。何ともいじらしい男である。現在つきあっている相手にこう出られて、正直に「ハイ、そうです」とも言えず、采女は「そんなことはない」とごまかして、後は何を聞かれても口を閉ざして伏しているばかり。

とにかく病気なのだから何とかせねば、と加持祈禱をしてみたり、母親が願かけをしたりしたおかげか、多少具合も良くなってきた。その頃を見はからい、左馬之助はもう一度こっそりやって来て、「別にボクに気がねすることはない。好きになった少年《コ》との仲をとりもってやるから、安心してまかせろって」ともちかけてみた。今度ばかりは采女もその言葉に素直に従い、とうとう右京への恋を白状し、それまで口に出さないでいた思いのありったけをラブ・レターに書き込んで、左馬之助にことづけた。

本来ならば不本意きわまりない恋の使者役を自ら買って出た左馬之助は、〝好きな人のお役に立てれば幸せ〟という心境だったのであろうか。そのあたりの心理については何の言及も無いが、進んで身をひいて恋しい人を別の男に譲るとは、なかなかできないハナレワザである。

さて、左馬之助が大切なラブ・レターを袂深く隠し持って、それとなく右京のいる所をたずねてゆくと、折しも右京は桜を眺めながら詩歌なんぞ口ずさんでいた。桜のもとで詩をつぶやく美少年——いかにも、おシャレにキメている。さらに右京の言うことには、

「昨日は殿《トノ》の前で『貞観政要《じょうがんせいよう》』を読んだけど、今日は『新古今集』を読めと言われて、さっきまで読んでいたンだ。さすがに口を動かすのが疲れたから、休憩にチョット、もの言わぬ桜を相手にしようと思ってネ」

セリフにも教養がキラめいている。才色兼備と評判されるだけあって、何気ない言葉や動作が、おのずと知的でおシャレっぽいのである。左馬之助も負けてはいない。その言葉尻をうまくとらえて、

「ちょうどよかった。ここにもなかなか口に出せない、あわれなコトがあるんです」

と、例のラブ・レターをさし出した。

「ボクあてなんて、何かの間違いじゃないンですか？」

と、右京は無下に押し返すこともせず、さりとて、「また、ファン・レターが来たか」などという人気者の奢りもみせず、あくまで謙虚にふるまいながら、手紙を読むため木陰に入っていった。

寝込むほどの思いが通じたのか、

「私のためにこうまで悩んでくださっているとあっては、放っておくことはできません」

と、一読して即その日のうちに返事をする迅速な対応。采女は感激で床からハネ起きて、それからというもの気分は直り、ケロリと元気になってしまった。この単純さがホホエましい。

モト彼の寛大な心遣いで、ちょうど浅之丞と主膳（第8話）のような絵になるカップルが誕生……と思いきや、幸せな恋愛にはとかく横ヤリが入りがち。せっかくの二人の仲に邪魔者がわり込んで来た。細野主膳という、ふだんから武勇を自慢にし、何かというと刀の柄をならしてブッソウなので皆から嫌われている男が、右京に恋してしまったのである。なにしろ荒っぽい男なので、人づてにそれとなく気持ちを伝えるなどというまどろっこしいことができず、右京にしつこくつきまとって、泣いたり笑ったりして何とか口説こうとする。右京は相手にする気にもなれず、言葉もかけてやらなかったので、主膳はひどくオチコみ、見かねた松斎という茶坊主が、恋の助っ人を申し出た。類は友を呼ぶというか、この男も主膳に似て荒っぽいセッカチな男。

「ご返事をいただかなければ、死ぬ覚悟でお願いにあがりました」

と、脅迫めいた態度で主膳からのラブ・レターを渡そうとする。右京はますますイヤ気がさして、

「お茶坊主はお茶坊主の仕事にだけ精を出してりゃいいのに、いらぬ恋の仲立ちなんかして。この手紙は茶壺の口の詰めにでもした方がイイんじゃないか」

と、読みもせずに手紙を投げ返してしまった。松斎はとりつくシマもない。

こうまで軽視されてはもう右京を殺すしかない——乱暴な主膳と松斎は思いつめて、さっそく今晩殺してやろう、とその日のうちに用意をし始めた。可愛さ余って憎さ百倍とはこのことか。そうと知った右京は迎え討たねばならない。ついては恋人の采女に相談すべきか否か……。黙っていては、後できっと水クサイと恨まれるだろう。さりとて相談するのも、まるで助太刀を頼むようで、武士として恥ずかしい。冷静に考えてみれば、自分の事件に他人を巻き込むこともないのだ。こう結論を下した右京は潔くも、たった一人で主膳の相手にな

ろう、と決心した。

雨がしきりに降って物淋しい晩。右京は、どうせ狙われているのならこちらから先手をうとうと、自分から主膳の方へ出向いて行って斬りかかった。右の肩先から胸のあたりまで見事に斬り下げたが、主膳もさすがに腕自慢、傷のない左手でもって刀を抜き、しばらくは二人でチャンチャンバラバラの大立ち回り。しかし、最初に深手を負ってしまった主膳は長くはもたず、「口惜しい」と言いつつついに果ててしまった。右京は仲立ちをした茶坊主もついでに殺してしまおうと思っていたのだが、そのうちチャンバラの音を聞きつけた侍たちが集まってきて、家中は、あの曾我兄弟の仇討ちの時もかくやと思われるほど、テンヤワンヤの大騒ぎとなってしまった。

私的な三角関係のもつれで家中を騒がし、タダですむはずもない。大殿はご立腹で、右京は切腹の身となった。それを知った人々の同情するまいことか。命を狙った相手を先に殺したまでのことだから、武士として恥ずかしい行動をしたわけではない。それなのに、あたら若い命を散らさねばならぬとは……。

「これからここで、とびきりキレイな少年が切腹するらしい。フツウの子でも死ぬとなったら親は悲しむのに、人一倍美形《イケメン》の息子が、侍としてちゃんと筋の通った行動をしているのに、死ななきゃならないなんて。ご両親は本当に気の毒だ」

切腹の場となった寺の人々は噂しあっている。

だが、当の右京はしごく落ち着いたもの。もとより主膳を討ちに行った時から、切腹は覚悟の上。取り乱すこともなく、

春は花秋は月にとたはぶれて
詠《なが》めし事も夢のまたゆめ

と書き置いたかと思うと、即座に腹をかき切った。するとそこに、恋人の采女がすばやく駆け込んで来て、「頼む」と一言言ったきり、やはり腹を切った。右京の介錯をした男は采女の首も、ともに頼み通りかき切って、うら若い恋人たちの命は露と消えたのである。

十六歳と十八歳。さきに歌舞伎若衆たちの〝かたちを変えた心中〟をご紹介したが、今回は出家ではなく、本当に死んでしまった。切腹の現場に飛び入りする、劇的な後追い心中。今度こそ、男色の恋は悲劇的な結末を迎えた、と言っていいかに思えるが……。

実は〝かたちを変えた心中〟同様、この〝心中〟もそのまま悲劇ととることはできない。

切腹を目前に控えた右京の描写を読んでみよう。

新しき乗物、大勢つき〳〵ありて、外門《そともん》にかきすゑてゆたかに出《いで》しけはひ、またなくはなやかなり。白うきよらかなる唐綾《からあや》の織物に、あだなる露草の縫尽《ぬひづく》し、浅黄《あさぎ》上下《かみしも》織目ただしく、うららかにそこらを見渡し給ふに……

多勢の者がつき従った新しい乗物が、寺の前に着く。中からおもむろに出てきた右京の様子といえば、またとない「はなやか」な姿。清らかな白い織物にびっしりと露草を刺繡した着物に、水色の裃《かみしも》を折目正しく身につけて、ゆうゆうとあたりを見回している。死を目前にしても動じない堂々たる姿が、純白と水色の清々しいファッションに彩られて、華麗に演出されている。

主膳を斬り捨てようと出かけた折の、右京のいでたちをふり返って見ても、

この時とうちむかふ、その様えもいはれず。雪ねたましき薄衣《うすぎぬ》を引違《ひきちが》へ、きよげに着なし、錦の袴《はかま》すそ高《だか》に、常より薫物《たきもの》をかをらせ、太刀引きそばめ、しのびやかに立ちむか

ふにも、これは隠れなき匂ひに、寝覚め驚く人もありけれども、とがめずして通し侍る。

やはり雪よりも白い着物を清らかに着こなし、錦の袴のすそを短か目にキリリとはいて、いつもより強く薫物をかおらせ、太刀を手元に引き寄せる。こっそりと出て行ったにもかかわらず、右京の発散するよい薫りに、思わず目をさましてしまった人もあったのだが、右京の凛凛しさに圧倒されて、「何をしにゆくのだ」ととがめることもせず、黙って見のがしてやるのである。白を基調にキメたファッション、かおりにも気を配り、ほとんど観客の目を意識しているのではないかと疑うほどの自己演出。

右京のエピソードは、悲劇として涙を誘おうとするよりも、死を覚悟した少年の美しさを描こうとしたという方が正しい。「花も紅葉《もみぢ》もしばしにて、散りやすきゆゑにこそ人も愛すれ」と『田夫物語』の華奢者たちは男色の極意を示していた。出家によって花のさかりに自ら引退した歌舞伎若衆たちの生き方をさらにつきつめ、武家の少年たちは若くして死ぬことで、散りやすいがゆえに輝く美を演じきったのだ。

「万花《ばんくわ》色あるをもつて自《みづか》ら枝をうしなふ」と、こうした男色の美意識を暗示するような一節で、『男色大鑑』の右京のエピソードは始められている。何よりも、「長生きすればどんな美人も白髪になってしまう。容色の衰えないうちに自ら刃に倒れるのは、むしろ成仏できるというもの」という切腹にあたっての右京自身の言葉が、彼の美少年としての気概をあますところなく伝えている。

最初のひと言に花のイメージがあれば、恋のメッセージを届けるシーンにも花があり、切腹する右京の瞳にも、散り残った山桜が映じている。この物語は全篇「花」のイメージに彩られ、それが見事に、散りゆく美少年の命にオーバーラップしているのである。右京の辞世の句も、紅葉や花の美のはかなさ、ひいては美少年の美のはかなさに感じて悟った『色物語』の老人や、出家した歌舞伎若衆たちの心境に通じあうものがあろう。花や月とたわむれて美的な楽しみをきわめた後に、最後の〝仕上げ〟として死を美化して人生に幕をおろす。好きな人とのデートの前に装いをこらそうとする多くの女性とは異なり、美少年は死の前にこそ、オシャレを極めようとするのである。

死という、一生を閉じる最高最大のイベントを目の前にした緊張感で、おのれの美はまさに一生に一度の非日常的輝きを獲得できる——右京はそう信じていた。男の美は「最高の行動を通してのみ客観化され得るが、それはおそらく死の瞬間」（『太陽と鉄』一九六八、昭和四十三年）という三島由紀夫の説いた美の極致を、今、自分は生きている。その右京の充実感はいかばかりか。右京の後を追って切腹するまで、ものかげから右京の姿をじっと眺めていた采女も、同じような充実感を味わっていたに違いない。恋しい人の美が最高にきわまった姿を、死の直前に瞳に焼きつけることができたのだから。

「人は「死」によって彼のお洒落を全うする」(稲垣足穂『少年愛の美学』)と言われるように、死の直前の美少年は最高にオシャレに見え、それは同時に、恋人にとっての最高の〝冥土への土産〟となったのである。

第14話　サムライ少年のチャンバラ願望——『男色大鑑』その七

恋しい右京のあとを追い、切腹して果てた采女。まさに桜のようにあっけなく散ってしまった二人の美少年。アッパレといえばアッパレだが、冷静に考えると、なにもそこまでしなくても……という気にもなる。右京が切腹したのは仕方ないとしても、采女の方は、せめて出家して菩提を弔うくらいのオトナシイやり方ですますことはできなかったのか？　せっかくの若い命をムザムザ捨てるなんて。

……というのは現代的な人命尊重の考え方だが、この程度で驚いてはいけない。当事者の美少年が死んだだけではなく、二人の潔い死を見て、同じ家に仕える家臣たちは、感動のあまり刺し違えたり、もとどりを切って出家してしまったりしたのだ。挿絵には、切腹する右京の姿を見つめながら、もろ肌ぬぎになって今まさに刺し違えようとしている侍たちや、もとどりをつかんで切ろうとしているおニイサンの姿が描かれている。

イヤハヤ、第三者までがこうもあっけなく死んでしまうとは。他人の行為に感動して死ぬことができる男たちの中で、当の恋人が後追い自殺をしない筈がないのだった。こうなると残りの一人、かつて采女の恋人であった左馬之助もジッとしていられるわけがない。なにしろ自ら身をひいてキューピッド役を買って出たほど、二人の仲には重要な関わりをもっていた男である。二人が死んでしまった以上、もはや生きていても甲斐がないと、初七日にやはり自害して果ててしまった。

歌舞伎若衆たちの出家シンドロームがあったかと思えば、今度は武家の少年たちの自害シンドローム。男色の世界の男たちは、とても感受性の強い若者として描かれる。もっとも、これは西鶴の『男色大鑑』という物語の中の話であって、現実にはそう簡単に死ねるものでもなかったらしく、実のところ左馬之助は死におくれて逃げようとした、と別の物語には記されているという。だが、だからといって左馬之助が、この仲よく死ぬ〝トモダチの輪〟から逃れ得たわけではない。後からちゃんと（！）殺されているのである。当事者ばかりか周囲の者までが死んでいるというのに、二人に並々ならぬ関係のあった左馬之助だけが生き残るなど許されないのだ。そんなことは武士の風上にもおけぬダラシナサである。おサムライさんの世界で男どうしの恋人の一方に何かあったら、残る一人に残された武士らしい選択は死しかない。『男色大鑑』のエピソードと事実とのズレは、その理想をよく表している。武士の恋は文字通り〝命がけ〟だったのだ。

もうひとつ、サムライの〝命がけの恋〟をご紹介してみよう。今回の主人公は増田甚之介《ましだじんのすけ》（『男色大鑑』巻一の四「玉章《たまづさ》は鱸《すずき》に通はす」）。右京や采女には名前の優雅さでは負けるが、これも〝才色兼備〟の美少年。生まれつき美形《イケメン》の上に、文武両道にすぐれていたものだから、当然のようにモテモテであった。

この少年の心にかない、恋人となったラッキーな男は森脇権九郎《もりわきごんくろう》。甚之介が十三歳になった頃から目をつけ、まずは甚之介の草履取りの伝五郎に近づいて、ラブ・レターをことづけるのに成功。伝五郎は、親しくしてくれる権九郎が、主人への恋に悩んでいるのにいたく同情して、「なんとか思いを遂げさせてやって下さい」と、ラブ・レターを渡しつつ、権九郎に肩入れする。憧れの美少年にいきなり接近するのではなく、草履取りから味方につけるとは、なかなかの戦略。男色の世界にも〝手練手管〟は大切である。

この作戦は見事にアタって、甚之介はろくにラブ・レターの中味も見ないうちに、「うすうすあなたのお気持ちに気づいてはおりましたが、伝五郎の言うことを聞いていると、あなたがどれほど私のことを思っていらっしゃるか、よくわかりました。さっそくおツキアイいたしましょう」と返事を書いて、もらったラブ・レターともども、伝五郎にもたせてやった。「返事を受け取るまでは気が気でないだろうから、一刻も早くこの手紙をお届けして」と、伝五郎を急がせる思いやり。権九郎は返事を受け取って感涙にむせび、二人はメデタク恋人同士となった。ときに甚之介十四歳。

十五、十六の間はハッピーなおつきあいが続いていたのだが、やがてこの二人にもジャマが入った。半沢伊兵衛という身分の低い侍が、甚之介に横恋慕してチョッカイを出し始めたのである。才色兼備の甚之介だからいろいろな人にモテるのは無理もないのだが、甚之介にはもう権九郎という決まった彼《ひと》がいたので、ラブ・レターをもらっても無視していた。

ヒッコミがつかないのは伊兵衛である。一旦言い出した恋、無視されたからオトナシク引き下がる、というのでは武士として気がすまない。「私の身分が低いと思って相手にして下さらないのですか。決まった彼《ひと》がいらっしゃるのなら、そうはっきりおっしゃって下さい。でないとタダではすみませんよ」と命がけの手紙をよこした。アブナイ、アブナイ、またしてもチャンバラの予感。

別の男に言い寄られていることなど、わざわざ言うほどのこともない、と恋人には黙っていた甚之介であったが、ことココに至っては相談してみた方がよいと、甚之介は権九郎に伊兵衛のことを打ち明けた。すると権九郎の反応は、

「下々《しもじも》の男だからってあなどってはイケナイ。人間、命あってのモノダネなんだから、その男がブッソウなことをしないように、うまくなだめる返事をしてやりなサイ」

この恋人の提案は、甚之介としてはいかにも不本意であった。だって〝恋人はアナタ一人〟と大切に権九郎へのミサオを守っていたのに、その場しのぎで好きでもない男の機嫌を取るなんて耐えられない！　そんな僕の気も知らないで、ナンテコトを言う恋人《ヤツ》だ！

「深く愛を誓っている以上、たとえ殿様に言い寄られてもナビキはしないと決心していたのに、この気持ちが通じていなかったとは。オノレ、斬って捨ててやる」

たちまち血眼になって、オットアブナイ、さっきまでの最愛の恋人を、にわかに殺そうかと思いつめてしまう。

甚之介がこうまでイラだったのは、「命あってのモノダネ」という発想だった。三角関係になったら、ややこしい話し合いなどせず、果たし合いで結着をつけるのが武士としてあるべき姿だというのに、命を惜しむなんてもってのホカだ。現代の我々から見れば、権九郎の提案の方がシゴクもっともに思えるが、武士の恋人たちの間にそんな理屈は通用しない。思

いを叶えるか、潔く死ぬか。二つにひとつ。その覚悟ができないような男は、生きている価値もない腰ヌケだから、殺してしまう方がマシなのだ。
しかし、さすがに今すぐに殺すのも軽率だと判断した甚之介は、目の前の権九郎に斬りかかりたいのをグッとこらえて、「まずは伊兵衛を殺してから、返す刀でこの男も生かしておくものか」とひそかに決意した。
恋人にアイソをつかし、一人で伊兵衛を斬りにゆこうとする甚之介の姿もまた、思いきり美化されている。

甚之介装束は、浮世の着をさめとてはなやかに、肌には白き袷《あはせ》に、上は浅黄紫《あさぎむらさき》の腰替りに五色《ごしき》の糸桜を縫はせ、銀杏《いてふ》の丸の定紋《ぢやうもん》しをらし。大振袖《おほふりそで》のうらにこき入れし紅葉《もみぢ》ほのかに、鼠色《ねずみいろ》の八重帯、肥前の忠吉《ただよし》二尺三寸、同作一尺八寸の指添《さしぞ》へ、……

コーディネイトは白と水色系で、右京の切腹前のファッションと同じ路線だが、さらに「はなやか」に五色の糸桜を刺繍し、大振袖の裏地には紅葉の染模様と、カラフルな装いである。桜と紅葉という図柄が、例によって美少年の散りやすい運命と見事に重なっているのも見のがせない。銀杏の紋のデザインも、可愛らしい印象。

一歩間違うとナヨナヨしたイメージを与えかねないこの組み合わせに、一点、ひきしまったポイントを与えているのが刀である。肥前の忠吉作の名刀が、死を覚悟して果たし合いに向かう少年の心を代弁し、鮮やかにキラめく。振袖の描く曲線的な美に直線的鋭さが調和する。日本刀は日本の男色美に必須のアイテムである。死を目前にした「浮世の着をさめ」のこの少年の華麗さには、確かに、いかなる美少女も敵《かな》いそうにない。

いざ果たし合いに出向いてみると、権九郎が息せききって駆けつけて来て、「甚之介！」と声をかけた。何のことはない、来るべきところにはチャンと来ているのである。それでも甚之介はヘソを曲げているから、「オマエみたいな腰抜け侍は知り合いなんかじゃない」とソッポを向いている。権九郎は涙を流しながら、「このとりこみ中に言いわけもできないから、死んだら三途の川でゆっくり話そう」と訴えた。恋人《カレ》が泣いてわびるのを見ても、甚之介は「助太刀なんているもンか」とやっぱり許そうとしない。このかたくなにスネているところが、どこか可愛くみえてしまう美少年である。

それにしても、キレイな模様の入った振袖をヒラつかせてチャンバラを演じている少年の絵を見ると、ナンダカとっても楽しそうである。これぞ生甲斐とでも言いたげだ。前話のエピソードでも、右京が演じたチャンバラ騒ぎは「曾我兄弟の仇討ちのようだ」と評され、武士が戦士であった時代をなつかしむ風情であった。太平の江戸時代に、お侍サンたちはチャンバラの機会に飢えていて、せめて男色関係のイザコザで刀を抜いてウサを晴らし、「武士ナンダナァ」という自覚を新たにしたのか――。

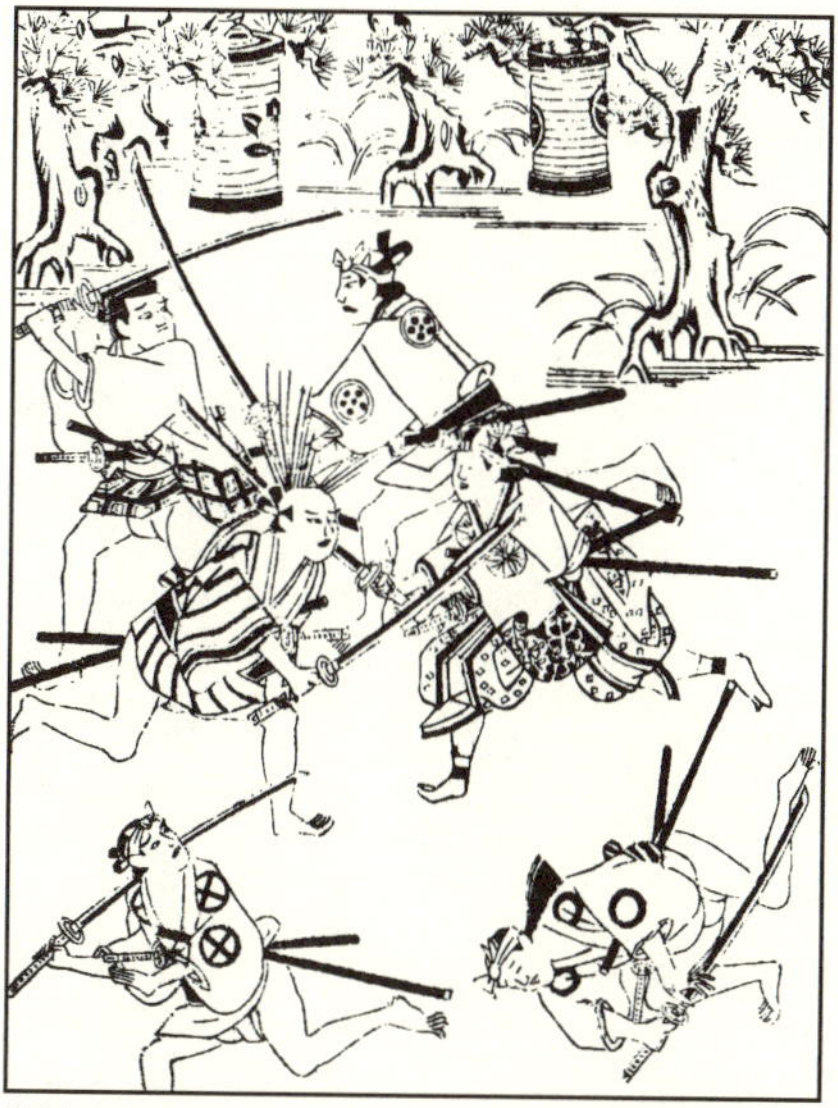

『男色大鑑』（巻１の４）より（国立国会図書館蔵）

「命の捨て所をここに極めて」戦った男たちの勝負の結果は、甚之介が二人、権九郎が四人殺して、甚之介側の大勝利。助太刀はいらないと拒んでおきながら、チャッカリ自分の倍の数の相手を殺してもらっているのにも苦笑させられるが、二人はチャンバラのどさくさでいつの間にか仲直りしたらしく、勝利をおさめた後は二人仲良くお寺を訪れて、「ボクたち責任をとって一緒に切腹しマス」と住職に宣言した。

本来ならばここで、第二の流血イベント〝仲良し切腹〟が〝はなやか〟にくり広げられるところであったが、二人の活躍（？）があまりに立派だったので、特別に切腹を免れ、このたびは普通にハッピー・エンドを迎えることができた。二人は「ラッキー！」と有頂天になったりはせず、切腹しようとした寺で伊兵衛一味の死者を丁寧に弔ってやったので、ますます評判をあげた。こんなまたとない美少年のウワサはまたたく間に広がって、武士ばかりではなく、町人や農民の間にも男色がさかんになり、男女の恋はスタレてしまった、というオチまでついている。

まァ、このオマケはユーモア狙いのいささかオーバーなオチだとしても、男色独自の潔いチャンバラの美学にカブレた人々がいたのは確かだろう。武士の世界の男色は、いとも簡単に殺し合いに結びついてしまう。だが、武士の男色はそれも含めた趣味だったと思えるフシもある。総じて武家の男色のエピソードにはあまりドロドロした複雑さがみられず、話がもつれる前にすぐ手が出てしまうのだが、おジャマムシを殺すというのは三角関係の処理として、実に単純明快である。もちろん、現代では決して許されない行為であるが、右京や甚之介のエピソードは、江戸の武士ならではのチャンバラ願望を反映したものといえそうである。

「深く契ったからには、たとえ殿サマにもなびきはしない」と男色のミサオをほこった男たちであったが、では、実際に殿様が恋のライバルならどうなったのか。このケースは『男色大鑑』巻二の二「傘持つてもぬるる身」に鮮やかに描かれている。

浪人だった父に先立たれ、母と共に貧しい暮らしをしていた長坂小輪《こりん》（これまたカワイイ名前）という若衆《ビショウネン》は、さる殿のお目にとまって美しさをめでられ、ご寵愛を受ける身となった。お殿サマというものは、イザとなったら命がけで守ってくれる美少年の小姓《とりまき》をキープして、趣味と実益を兼ねていたのである。

しかし、目上の人から一方的に愛されるこの関係が、小輪には気にくわなかった。

「殿の権力になびくなんて本当の衆道とはいえない。ボクはボク自身で好きな人を見つけてツキアイたい」

男色は親の決める結婚と違って自由恋愛だ、と華奢者たちの意見にもあったように、小輪は自分の意志で相手を見つけてこそ衆道だと言いきった。その宣言通り、惣八郎《そうはちろう》という男と相思相愛となり、お互いにラブ・レターをやりとりしながら（ラブ・レターのやりとりが多いが、これは男色だからというわけではなく、なにしろケータイもメールもなかった時代）、ひそかに忍び逢いの機会をうかがっていた。殿様の愛人を横どりしようというのだから、見つかったらタイヘン。まさに命がけである。それでも、本当に好きな人と一緒になりたい、という願いは生命の危険よりも強かった。許されぬ恋に命をかける二人——異性愛の悲劇にもありがちな展開である。

やがて二人の熱い思いが叶う日がやって来た。年末に着物を与えてもらえる日、着古しの着物を入れていたつづらの中に惣八郎はしのび入り、小輪は仮病を使って殿とのオツキアイを遠慮していた。殿が寝静まったのを見はからい、「恋を叶えるのは今だ」と二人はひしと抱きあう。「あの世まで離れないヨ」とメロドラマさながらのセリフを交わして幸せにひたった……までは良かったが、その声が運悪く殿のお耳にとまってしまった。

「今のは確かに人の声だ。逃がさんぞ」

殿は自分の恋人を寝とられたのを敏感に察知してしまったのだ。「タヌキです」としらばくれてウマくごまかせそうだったのに、隠れていたスパイの新平が、「いいや、今のは確かに男でした」と証言したので万事休す。もう言いのがれはできなくなった。

バレたからといって、見苦しくジタバタしたりしないのが武士である。小輪は逃げも隠れもせず、その三日後、殿に召し出されて武道稽古の場に出向いて行った。殿は自分の顔にドロを塗られ、殿としての権威を著しく傷つけられたのだから、稽古の場を利用して、家中の見せしめに皆の前でなぶり殺しにしようというコンタンである。

殿みずから長刀《なぎなた》を取り、「小輪死ね！」と斬りかかれば、♪その時小輪少しも騒がず（謡曲『舟弁慶』のノリで）、「長年かわいがっていただいたのですから、殺されても悔いはありませんとおちついたもの。殿はまず左手を落とし、次に右手を落としてジワジワとイジメぬいた。しかし、小輪は腕を落とされてもかえって余裕を増すほどで、「この手で恋人と抱きあったのですからさぞ憎いでしょうね」と皮肉まで言い、死ぬ間際には「二度と見られないこの美しい後姿、皆さん見おさめですョ」と捨てゼリフを吐いている。死の瞬間まで自分の美しさをアピールすることを忘れない。己れの美への、このすさまじいまでのプライドが、美少年の潔さを支える大きな原動力のひとつとなっていた。

第15話　永遠に一体であるために——『葉隠』その一

死ぬことをいささかも恐れぬ少年たち。それどころか満足気に、ほほえみさえ浮かべて死んでゆく少年たち。そこには死にゆく自身の美への、強烈なナルシシズムが隠されていた。美のありかは死装束の華やかさだけではない。己れの美少年ぶりを最後の最後までしっかりとアピールして死んでいった小輪の姿を見てみよう。

挿絵には、腕を切り落とされて何もついていない肩から吹き出す血の直線が、何本もひかれている。もう一人の若衆《ビショウネン》、伊丹右京の挿絵では、切腹した瞬間が描かれており、刀をつきたてた白い腹から、これまた血の筋がハデに広がっている。絵はどれも白黒なのだけれど、血の筋だけはまっ赤な色がついているかのような強いインパクトを我々に与える。

少年たちの若い血。自らの身体からほとばしり出るこの赤いしぶきこそが、彼らの有終の美をいろどる最高の化粧であった。

　カラーでイメージしたければ、たとえば現代の金子國義の描く美少年の絵を見るとよい。彫りの深い美貌をキラリと光らせている少年たちは、なぜか白いシャツの胸もとを赤い血で染めている。血ぞめのシャツを着る少年の像は、美少年と男娼の登場する寺山修司の芝居『毛皮のマリー』（一九八三年）のポスターになったものだ。白いシーツの上に赤くしたたる血を吐いた少年がウツブセになっている絵もある。目を見開いている少年は、今まさに息をひきとったところなのだろうか——これらの少年たちの発散するアブナいエロティシズムは、鮮血をほとばしらせて死んでゆく江戸の少年たちの雄姿に重ねることができる。

　血の赤は白地に染まった時に最も映える。江戸の美少年たちが死に臨む際の、白くキメたファッション・センスには、そんな効果も秘められていたのだ。増田甚之介の場合、本人は死なななかったのだが、果たしあいから帰ってきた時の姿を見ると、着物は返り血を浴び、全身まっ赤に染まっていたという。思いきり気をつかって着こんでいった白い着物、五色の糸で桜を刺繡した振袖が、惜し気も無くまっ赤に染まる……せっかくの良い着物が台なしになってしまった、というのではなく、こうなってこそ美少年の美はいっそうひきたつとの美意識がある。死に直面した悲愴感とスリルを、血の色に語らせることで。チャンバラ場面の絵では確かに、斬りかかった相手の身体から吹き出る血が、勢いよく甚之介の姿にふり注ぐ様子が描かれている。

われらは躊躇なく軍服の腹をくつろげ、……手にした血刀をおのれの腹深く突き立てる。……われらの若い鮮血がくれないに染めた雪……

見ればすでに一二丈先に、神霊の一団がおぼろげに、半ば月光に透されて佇んでおられる。いずれも飛行服を召し、日本刀を携え、胸もとの白いマフラーが血に染っている。

（三島由紀夫『英霊の声』一九六六、昭和四十一年）

切腹、日本刀、血染めのマフラー、雪の上に散る鮮血……『男色大鑑』とオーバーラップする赤い血と白のコントラストにこだわった三島由紀夫も、同じ美のとりこになった一人だった。

男色の美学はおそらく、こうした血への渇望に深い根をもっている。愛しあう男たちのチャンバラ願望も、ともかくも血を見たい、という切なる願いに裏打ちされていたのではなかったか。何かというとすぐチャンバラをはじめたがる男たちをながめていると、戦争ごっこに興じる〝永遠の少年〟たちにも見えてくる。

殿方《トノガタ》は日常あまり血を見る機会に恵まれていらっしゃらないために、ワザワザ血を流してみないと生きているンダという実感がわかないのかもしれない。生命の証しとして〝まっ赤に流れ〟ている筈の〝ボクの血潮〟は、切って流してみないと赤い色を見ることができない。女性の血をケガレとして遠ざけておきながら、ホラー映画の人気にもみるように、人間はどこかで血を見ていないと、かえって落ちつかないという業を背負っているようである。

こうした血や死への憧れをあますところなく語ってくれる武士の世界の聖典こそ、『葉隠』（一七一六、享保元年頃）である。三島が愛してやまなかったこの書物は、佐賀藩士・山本常《つね》朝《とも》の口述により、武士のあるべき道を示しているとともに、〝男色の指南書〟ともなっているのである。

恋ひ死なん後の煙にそれと知れ
終にもらさぬ中の思ひは

（聞書第二—三三）

『葉隠』は、究極の恋とはこの歌の心であると説く。相手には一生打ち明けぬまま恋心をつのらせて、死んだ後にはじめてそれと知られる恋こそが、品格のある最高の恋だ、というのである。「唯思ひ死に極むるが至極なり」——〝死ぬまで恋して〟というのが言葉の上だけのポーズではなく、実質を伴っていたのが武士の男たちが理想とする恋の世界であった。特に主従の間は死ぬほどの恋心で結ばれるべきである、と『葉隠』は続けており、武士の男どうしの愛は主君に対する熱烈な忠誠心と、その結果としての殉死に理想的な姿をみていた。

『葉隠』の伝えるエピソードを引いてみよう。

主君・鍋島勝茂《かつしげ》が亡くなったという知らせが届いた時、大島外記《げき》という男は即座に、「追腹を切る」と宣言して仕度をし始めた。周囲の人々が、「下々《しもじも》の者には似つかわしくないことだ。やめておけ」と言うのに、外記は頑として聞き入れない。彼には忘れられない、主君《トノ》とのタイセツな思い出があったのだ。

以前、殿が狩りをなさった時、大きなイノシシを一刀で仕留めたら、御前に召し出されて、「ナカナカにデキる男じゃ。良い家来じゃな。何かごホウビをあげよう」と、ご自分の巾着から銀をひとつかみ下さった。モウ大感激で、その銀をおしいただきながら、殿に何かあったらきっとお供をすると決めたンだ。誰が何テッタッテ死なずにいるものか。

（聞書第八―二三）

なんという一途さ！　たった一度、殿《トノ》にあたたかいお言葉をかけてもらい、ごホウビをいただいたことがうれしくて、その御恩に報いるには殿を追って死ぬしかない！　と決心していたというのだ。外記は結局この願いを貫き、見事に死んでいった。いただいた銀をそばに飾って……。

『葉隠』はこの男を愚かなヤツとケナしているのではなく、武士の本来あるべき姿として紹介している。山本常朝が『葉隠』を語った時、殉死は既に禁止されていたので、おおっぴらに肯定してはいないが、「追腹が禁止になってからというもの、家来がフヌケになってしまった」と、殉死の禁止が嘆かれている。

それにしても、命がけで殿《トノ》を守り、身がわりになって死んだというのなら話はわかるが、既に死んでしまった殿の後を追って死ぬというのは、ナンセンスといえばナンセンスである。家臣の役目がお家の〝役に立つ〟ことであるとすれば、むしろ生き残ってご奉公を続ける方が、よほど〝家のため〟にはなるのではなかろうか。ましてや外記は、周りの人々に止められてさえいるのに、自己満足のためだけに死んでいった。これは無意味な死、死の〝ムダ使い〟というものではなかろうか。

外記の死は、現代の我々が抱きがちな、そんな実利的な主従関係の解釈を超越したところにあった。彼の心境を代弁すると思われるのが、かの『英霊の声』である。

その至福はいかばかりであろう。死を賭けたわれらの恋の成就はいかばかりであろう。その時早く、威ある清らかな御声《みこえ》が下《くだ》って、ただ一言、『死ね』と仰《おお》せられたら、われらの死の喜びはいかほど烈しく、いかほど心満ち足りたものとなるであろう。

『葉隠』を座右の書にしていたとされる英霊たちは、死の瞬間は「恋の成就」する「至福」の時であると叫ぶ。なぜなら「そのとき距離は一挙にゼロとなり、われらとあの神と死とは一体になる」からである。

恋しい対象と一体になること。それは即物的には、相手と肉体的な交わりを結ぶことで実現できる。しかしこの交わりには終わりがある。有限な時間の中での営みだから、一体となった後には、再び離れなければならない。だが死ねば、死という無限の時間の中に溶けこむことによって、恋する対象と永遠に一体となることができる。自分と相手との距離は全く無くなり、完璧な融合を成し遂げることができる――大島外記も三島が描く英霊たちも、そう信じていたのだろう。

こうした一体化を異性間で求めたのが、遊女たちの心中だった。「生きてるだけが能じゃないワ。死んだら誰にもジャマされなくて、かえっていいじゃない」と治兵衛に迫る『曾根崎心中』（近松門左衛門、一七〇三、元禄十六年初演）のお初のように、心中劇に出てくる遊女たちは、ひたすら恋人と一緒に死にたがっている。これは表面的に解釈すれば、現世で添いとげることができないから、という理由がつくが、より深く読めば、肉体的一体化の有限性にイヤというほど絶望した遊女たちが、もっと完全な恋人との融合を求めたから、と理解することもできる。

現世では近づきがたい相手でも、死の世界では一緒になる望みがもてる。外記があれほど殉死にこだわったのは、殉死が殿《トノ》との性愛の代償だったから、いやそれ以上の一体化を保証してくれるものだったからなのだろう。遊女の恋と男どうしの恋は、死へ突き進む点でもよく似ている。

だが、遊女の心中が基本的にはルール違反であったのに対して、恋する武士たちの死への憧れは、そのまま武士道の根本原理をなしている。

武士道は死狂ひなり。（聞書第一—一一四）

と『葉隠』は言いきった。狂ったように死へ突き進むこと、それこそが武士道の極意である。「死狂ひ」という以上、〝ココで死ぬべきかどうか〟などと考えこんだ結果死ぬのではない。武士の死に迷いは無い。

正気のままでは、たいしたコトはできない。狂気になって死ぬまでだ。武道において少しでも理屈っぽくなれば、死に遅れてしまうのだ。忠だの孝だの考えたりする必要は無い。とにかく、武士道とは死に狂いなのだ。その中に忠孝はおのずと宿るものなのだ。（同前）

しのごの考えていては死に遅れて恥をかくだけだ。忠も孝も考えず、とにかく死ぬべし。ムチャな行動を〝正気の沙汰ではない〟と表現することがあるが、正気など捨てよ、「気違ひ」になって死ねとまで、『葉隠』は説いている。その中に忠や孝はおのずから宿るのだと。恋心に理屈はない。何故あの男、女が好きなのか、と言われてもハッキリとは答えにくい。いや、理屈で説明のつく恋など恋ではないと言えるかもしれない。武士道の「死狂ひ」には、理屈を超えた恋心と、狂気に近いまでの死へのエネルギーが一体化している。

これほど死に憑かれた心理は、現代の視点からは常軌を逸しているとみなされようが、武士たちの死の肯定は、消極的に生を投げ出したあきらめやニヒリズムとはほど遠い。少年たちの〝心中〟をみればおわかりのように、彼らの死はむしろ底抜けに前むきで、積極的なのだ。

貴い者も賤しい者も、老いも若きも、悟っていても迷いの中にあっても、結局は皆、死んでしまうのだ。全くもって死というものは逃れがたい。……死を前にしては、この世のことは何もかもムナしいこと、夢の中のたわむれなのだ。こう思えば油断はならない。死はいつもアナタの足もとに来ているのだから、せいぜい心構えをしていなければならない。

（聞書第二―五五）

死は貴賤を問わず、老人にも少年にも平等にやってくる。なんとはかないものではないか。『葉隠』の説く死生観は、若衆たちの背後で常にひびいていた「浮世は夢」というささやきとつながっている。歌舞伎役者の美少年たちはそれを悟って出家してしまったが、武士の世界観においては同じ悟りが、はかない生だからこそ精一杯燃えつきようという発想につながってゆく。

今、この時、という気持ち以外は何もいらない。そのひとつひとつの気持ちを積み重ねるのが一生だ。……そんな一念を守って生きてゆくまでのことだ。

（聞書第二―一七）

いつ死ぬかわからないからこそ、この一瞬一瞬を大切に暮らすのだ。その積み重ねが一生なのだから。遊女と恋人との心中は生に絶望して選ぶ死だが、江戸の恋するサムライの死は、恋人への思いを精一杯表現しようとし、いわば積極的に生きようとした結果としての死なのである。彼らの恋の中ではだから、正反対のものである筈の生と死が、神秘的に一致している。

矛盾するはずのものが一致しているのは、生と死だけではない。恋人と共に死のう、という決心は強靭な精神力あってのものだが、死ぬという行為はまぎれもなく肉体的なものである。近代以降の恋愛観では、精神的な愛と肉体関係をとかく分けて考えるようになったが、究極の恋に精神か肉体かという二分法は通用しない、と『葉隠』は教えている。殉死は高度に精神的で、かつ肉体的な恋心の表現なのだ。

死んでゆく少年たちの心の中は、悲しみどころか、生と死、霊と肉の一致する至純の恋をなし遂げたという充実感にあふれている。彼らの内には、フツーの人ではなかなか到達できない境地にゆきついたのだゾ、というプライドが満ち満ちている。

武士たる者は、武勇に大高慢をなし、死狂ひの覚悟が肝要なり。（聞書第二—三九）

「死狂ひ」イコール武士としてのプライドであり、美少年にあってはこのプライドが、己れの美へのナルシシズムと結びついていや増すことになる。

武勇と少人は、我は日本一と大高慢にてなければならず。（聞書第二—三二）

高慢でケッコウ、武士の若衆《ビショウネン》は、「我こそ日本一」というほど強烈なプライドをもってこそホンモノだ。『男色大鑑』の右京や小輪、まだ十代のイタイケな少年たちの不気味なほど余裕のある死の直前の態度は、まさに「我こそは日本一の美少年」というプライドのたまものだったのだ。

第16話　恋のルールは一生ひとりを愛し抜くこと――『葉隠』その二

『葉隠』には、『男色大鑑』の若衆《ビショウネン》たちを実質的に支えていた武士の行動原理が、あちこちに記されているだけではない。ズバリ、男色の心得をコンパクトにまとめた一節がある。

若い頃はとかくアヤマチがあるものだが、特に男性関係で一生の恥をかくおそれがある。ちゃんと心得ていないとイタイ目を見る。ここで必要なことをまとめておこう。

（聞書第一―一八一）

現代の男性が〝アヤマチを犯す〟といえば、一般に女性関係を連想するが、武士の世界で失敗するのは男性関係だった。同じお家に仕えている武士同士のホレたハレたのトラブルは、いわば江戸版の職場恋愛。ドラマに見られる現代のオフィス・ラブに様々なハードルや行き違いが描かれるように、『男色大鑑』の武家の少年たちも、殿サマに隠れてしのび会ったり、同じ家中の侍同士で、同じ男子をとりあったりしていたのだった。人が人を好きになったら多様なドラマが生じるのは、同性間であれ異性間であれ同じこと。しかも職場の恋とあっては、いつの世も慎重にかからねばならない。

男も〝貞女両夫にまみえず〟と心得よ。情は一生一人のものである。そうでなければ野郎かげまや尻の軽い女と同じだ。これは武士の恥である。（同前）

『葉隠』の男色マニュアルは、まず第一に浮気をするな、と厳しく戒めている。人妻の浮気が戒められるのと同じく、男性もこの人と決めた男《ひと》がいたら、他の人によそ見をすることは許されないのだ。そうでなければ男娼や淫乱女と同類になってしまい、武士として恥である。

同じ男どうしでも、武士の恋は「野郎かげま」とは一線を画すべきである、という主張がキッパリと打ち出されている。歌舞伎若衆たちの恋でも、本気の相手とそうでない相手が使い分けられてはいたが、役者さんは人気商売なので、職業として不特定多数の男性の相手をしなければならない。また、いろいろな男を手玉にとって浮名を流すことが〝役者の勲章〟でもあった。しかし武士の振舞いとして、それではケジメがなさすぎる。武士の情は「一生一人」のものであるべきなのだ。

貞操が女性だけに一方的に要求されがちなのは理不尽だが、貞操が重視された例は男の世界にもあった。対女性での男へのしめつけはルーズではあったが、男色の世界では男は男なりの〝男のミサオ〟を要求されていたのである。

それはひとつには、トラブルを避けるという意味があっただろう。異性でも同性でも恋愛関係で一方が浮気をすれば、浮気された側は傷つく。「色道ふたつ」をエンジョイして、関係した男女の数を誇っていた好色一代男は気楽だが、恋の相手にとっては無配慮きわまりない。ストイックな武士には許容しかねるふるまいである。しかも武士の恋の舞台は主に〝職場〟なのだから、一歩間違うとお家の結束を乱す恐れがある。

さらに、武士ならではの精神的な価値も、男色の貞操観には含まれていた。同性であれ異性であれ、一人の相手に束縛されるのをよしとしない立場もあり、近現代では制度的結婚を相対化する主張もあるが、結婚という制度や形式とは無関係なところでも、「一生一人」という理想を掲げて守りぬきたい欲求が、人間の心のどこかにはひそんでいる。それは、やたらに浮気をしないという自制心に武士ならではのストイシズムを認めると同時に、「一生一人」と誓えるような人、〝この人のためなら何もかも捨てられる〟と信じられるようなただ一人の人との出会い、そんな〝本当の恋〟がどこかにある、それこそが理想の恋だ、という夢が、異性・同性を問わず、人間の古今東西の愛の理想に存在することを示している。いろいろな異性または同性と恋を楽しんでみたい、というのも人間の感情のひとつのあり方だが、そんな欲求の入りこむスキのないほど惚れ込める、ただ一人の人がみつけられる筈だ、みつけたい、という願望も、人間の切なる愛の理想である。アア、愛の欲求というものは、かくも悩ましい――。

主君を追って殉死した侍たちは、主君こそが命を賭けた「一生一人」の恋の相手、と見定めた男たちだった。それだけでも彼らは十分に幸せだったのかもしれない。限られた人生の中で唯ひとつ、「本当の恋」と信じるものをみつけることができたのだから。ここで男のミサオは、「二君にまみえず」という武士の忠誠心とも見事に結びつく。

だが、「一生一人」の相手が主君以外の男《ひと》になってしまった場合、武士としてはどのような行動をとればよいのか。『葉隠』はこのジレンマを鋭く突いている。

「若衆好きの極意は何か」
「好きで好かぬもの」
（聞書第一―一八二）

この禅問答のような会話は、鍋島藩の〝ザ・衆道〟というべき星野了哲《りょうてつ》とその弟子との間に交わされたものという。そのココロは、

「命を捨てるのが衆道の極意である。そうでなければ恥だ。ただ、そうなると主君に奉る命が無くなる。だから「好きで好かぬもの」と言ったのだ」
（同前）

究極の衆道は〝命を捨てる恋〟。だが、好きな男《ひと》に命を捧げると、主君にさしあげる命が無くなってしまう。だから、「好きだけど好きでない」というマカ不思議な定義が出てきてしまうのだ。

なにしろ〝命〟というのはひとつきりなのだから、ひとつ失くすと他の人にはもう、あげたくてもあげられない。かといって、オレはオマエの主君なのだからオレに恋をしろ、と無

理矢理恋心を強制されると、恋の主体的な自由は奪われてしまう。『男色大鑑』の小輪はそれが気にくわなくて、主君をとるか恋人をとるかの選択に迫られた時、迷わず恋人を選んで死んでいった。男たちの恋は武士の主従関係を固めるために役だった反面、権力をものともしない自由恋愛のエネルギーをも内に秘めていた。武家社会にとって男色の世界は痛しかゆし。まさに「好きで好かぬもの」だったといえよう。

体制側としてはともかく、アチコチでむやみに恋の火花が散っているよりも、ちゃんと一対一のペアになってくれている方が秩序は保ちやすい。『田夫物語』にもあったように、男でも女でも美しいものはとかく争いのタネになるから、美少年をフラフラさせていては争いのタネをばらまいているようで危険である。そこで、

「恋人のいない少年は夫のない女と同然だ」と西鶴が書いたのは名言だ。人が嬲《なぶ》りたがるものである。（聞書第一―一八一）

と『葉隠』は続ける。美少年はチャンと決まった男《ひと》がいないと、いろいろな男にチョッカイをかけられてよろしくない。未婚の女性と同じことだから、早くイイ男《ひと》を見つけて約束なさ

い――特定の相手がいないと、からかわれて不愉快な思いをするのは女性も男性も変わらない。それにしてもこの場合、「嬲りたがる」は正確には「嬲りたがる」とでも書くべきではなかろうか……との疑問はさておき、相手を決めるからには慎重に決めないと、後でトンだ後悔をすることになる。なにしろ、浮気は武士のモラルにてらせば絶対に許されないのだから、一旦この人と決めたら死ぬまで愛し抜くのがルール。おいそれと相手を変えてはいけない。

後悔したくない、と思うあまりパートナー選びが慎重になりすぎることはママあるが、『葉隠』の勧める交際相手の〝観察期間〟は、結婚相手の品定めよりもあるいは慎重かもしれない。

恋人を決めるには、まず五年間は様子を見て、コレなら大丈夫とわかったならば、こちらからでも交際を申し込むがよい。浮気者の交際はイイカゲンなので、イザとなったら見離されてしまう。互いに命を捨てる覚悟でつきあうのだから、よくよく相手の性根を見極めてから交際を始めるべきである。

（同前）

相手が浮気者でなく誠意のある男かどうか、五年間は様子を見ろ、というのである。離婚どころか互いに命を捨てる関係になるのだから、よほど納得のゆくまで性根を見届けよ、というのはよくわかる。へんな男《ヤツ》と心中なんてカナシすぎる。しかし、五年も経ってしまったら少年は少年でなくなってしまうのではないか、とよけいな心配も頭をもたげる。『男色大鑑』をふり返ってみれば、さすがに五年も気をもたせたというのは行き過ぎで、それなりのスピードでカップルはまとまっていたようだったが……。

せっかく用心していても、運悪く性根のすわらない男に言い寄られてしまったら、断固として交際は断わるべきである。気にくわない男に対する対処法も、『葉隠』は徹底している。

> もしゴタゴタ言ってくる男《ヤツ》がいたら、「ツゴウが悪いんです」と言って強くふり、「ツゴウが悪いって何ですか?」とさらに迫ってきたら、「そんなことは命のあるうちには言えません」と相手にせず、それでもウダウダまとわりついてきたら、かまわないから斬り捨てよ。
>
> （同前）

あんまりシツコイ男は斬り殺してしまえ、とはずいぶん乱暴な話のようだが、『男色大鑑』

のチャンバラ事件をみれば、なるほどその通りに実行なさっていた。
こうした行動原理は、何も男色の世界に限ったことではない。武士の行動全般を貫くものだった。『葉隠』の喧嘩についてのご教示を並べてみよう。

ケンカの仕返しをしないで恥をかいた男《ヤツ》がいる。仕返しに行きさえすれば、斬り殺されても恥にはならないのだ。（聞書第一─五五）

ケンカというものは止めれば良いと思っている人も多いようだが、武士としてはむしろ、恥をかかせぬように打ち果たすまでやらせるのが正しい。とかく武士のすることは、聞いて潔いと思われる方がイイのだ。（聞書第八─二）

ケンカの仕返しは、話しあってラチのあくものでは無い。たとえ一人きりでも、斬り殺される覚悟で仕返しに行くべきだ。口先だけで仕返しというのはダラシない。なまじ知恵があると口先ばかりになる。こっそり仕返しに出かけて死ぬ男こそ、立派な武士なのだ。（聞書第八─三四）

話し合うよりも斬り殺せ、死ね、とたきつけて、イヤハヤ、ブッソウなご忠告が並んでいるが、〝日本人の喧嘩は口より先に手が出る〟といわれるのには、由緒正しき武士道の伝統があるのだった。実際『葉隠』には、ちょっとしたモメゴトで「相手を斬り殺して帰ってきた」というエピソードがこともなげにいくつも記されており、『男色大鑑』でチャンバラを演じた少年たちは、忠実に『葉隠』的武士の行動規範をなぞっていたという次第。

だが、彼らのような武士道の〝優等生〟は、江戸時代にはむしろ少数派であり、戦乱のない江戸期に、実際の武士に求められたのは戦士性よりも官僚的な知性であった。そこで山本常朝は、「イマドキの武士は軟弱になってしまった」と大いに嘆いている。

近頃の男のフヌケになってしまった証拠には、しばり首でさえ斬った者は少なく、ましてや切腹の介錯などというと、断わり上手な男《ヤツ》を利口者、しっかり者などと言う時代になってしまった。

（聞書第一—三六）

斬ったハッタをためらわないのが武士の証明だというのに、首を斬った経験のある者は少なく、介錯を頼まれてもうまく断わる男を、デキル男、カシコい男とまで評するようになってしまった。戦士としての武士の行動原理は、近代的な〝人命尊重主義〟などどこ吹く風といった独自の美学をもっていた。それなのに、風向きはスグに手を出す男より、口が達者な男の方に有利になっていたようだ。昔はヨカッタ……。

股に刀をつき立てて鍛錬する「股ぬき」など、四、五十年前の男なら誰でもやっていて、傷のない股は人前に出せないほどだったのに……。（同前）

いやはや、なんて痛そうなコトをするんだろう。こんな時代の武士に生まれないで良かった、と思うのは私が女だからだろうか。『葉隠』にいわせれば、だから女は臆病でダメなのだ、ということになる。

さては世も末になり、男のエネルギーがおとろえて女同然になってしまったに違いない。（同前）

山本常朝は、この某医師の言葉に同調して、「近頃の男どもを見ていると、いかにも女じみた連中ばっかりだ。あれこそ男だ、と見えるのはほとんどいやしない」と〝男らしい男〟の減少をつくづく嘆いている。男性の〝女性化〟は「世も末だ」なんて、さては二十一世紀日本の「草食男子」の増殖をすでに三百年も前にお見通しだったのか⁉ ともかくも、〝男らしさ〟を自負する男たちは、〝俺たちは女とは違うんダ〟とツッパって優越感を抱いていた時代だった。

ではどこがどう違うのか。

皆男仕事血ぐさき事なり。（聞書第一―三六）

男のすることは何だって血なまぐさいのだ。血なまぐささこそ〝男らしさ〟なのだ。『葉隠』の解答は明快である。

女は男より頭が弱い、技術力が足りない、などという言いぐさがアテにならないことは、今なら誰だって知っている。それがわからず、女性は男性より能力が劣っているという考えが、江戸時代の男尊女卑の思想のベースになっていたと思われがちである。

しかし『葉隠』は、知恵や技術を比べてみたら、女と男に差をつくることなどできないと、とっくに悟っていたのではなかろうか。だからこそ、女には出る幕のない男色という舞台を作りあげ、そこに血と死という独自の美学を打ち立てようとしたのである。

「『葉隠』の女性に対する意見ははなはだ貧弱である」（『葉隠入門』一九六七、昭和四十二年）と三島由紀夫は述べている。確かに『葉隠』は女性については多くを語らず、たまに口を開けば、「女は第一に夫を主君のように考えろ」（聞書第一―三二）とか、「女のコは育てない方がイイ。長女以外は捨ててしまえ」（聞書第二―一一六）とか、今なら伏字になりそうな（！）文句が目につく。

だが、女性について多くを語らぬ姿勢こそが、『葉隠』の女性観を雄弁に伝えているのではあるまいか。男女の能力が実は平等である以上、男だけの世界、恋愛までも男の中に閉ざした世界を作りあげることだけが、〝男らしさ〟を守ってゆく唯一の道だった。『葉隠』の洞察はやはり深い。

第17話　男らしい男に抱きかかえられたい——『仮面の告白』その一

男の、男による、男だけの世界をうちたてようとしていた男たち。この葉隠的武士たちの遺志は、近代にまで受け継がれ、三島由紀夫の文学作品の中に花開く。これまで折にふれて、三島センセイの御言葉を引用させていただいていたのだが、いよいよご本人の作品世界にふみこんでみることにしよう。

私は王女たちを愛さなかった。王子だけを愛した。殺される王子たち、死の運命にある王子たちは一層愛した。殺される若者たちを凡《すべ》て愛した。

『仮面の告白』（一九五九、昭和二十四年）の主人公は、女性に対してちっとも魅力を感じない。少年、しかも死の運命にある少年たちに強く惹かれる。『男色大鑑』で雄々しく死んでいった少年たちは、そんな「私」の趣味にピッタリとあてはまるものであった。

同じ「死」と結びついていても、女ではダメなのだ。ジャンヌ・ダルクの絵を見て「彼が次の瞬間に殺されるだろうと信じ」、殺されている場面を見ようと急いでページをめくったら、実はジャンヌは女であったとわかって、五歳の「私」は大ショックを受けた。


　私は打ちひしがれた気持だった。彼だと信じていたものが彼女なのであった。この美しい騎士が男でなくて女だとあっては、何になろう。（傍点ママ）

男装の麗人・ジャンヌの雄姿は、外見は男と変わらない。しかし見た目が男と同じでも、ナカミが男か女かでは、「私」にとっては大違いであった。わざわざ傍点をふっている三島の文章には、〝裏切られた〟という恨みがましさがめいっぱい漂っていて愉快でさえある。

美しい振袖の後姿を見て、「どんな美少年だろう」と胸をときめかせたら、「おふじ様、およしさま」と呼ぶ声が聞こえたので、「なんダ女か、ケガラワシイ」とつばを吐いて通りすぎたという、『男色大鑑』に登場する「若色あさからぬすき人」の反応にそっくりである。

女方がいくら女に似ているといっても、「美少年を女にしたいなんてトンデモない」と憤慨した〝正統派〟歌舞伎ファンの発言も思いおこされる。

見た目が同じならドッチだっていいじゃないの、と言いたくなるが、何故女ではダメなのか。実は三島の中にも、『田夫物語』の華奢者たちと同類の女性嫌悪が潜在していたのだ。『仮面の告白』の「私」の「最初の記憶」には、「糞尿汲取人」が登場する。肥桶《こえおけ》をかついだその姿を見た時、五歳の「私」は「根の母の悪意ある愛」に呼びかけられたような気がしてゾッとしたという。記憶の原点から、母の愛は「私」にとって「悪意ある」否定的な印象で受けとめられている。

こうした女性嫌悪の感覚がより露骨にあらわれているのが、『金閣寺』(一九五六、昭和三十一年)の一節である。


私の耳もとに口を寄せたので、この「慈母」の汗の匂いが私のまわりに漂った。そのときの母が笑っていたのを私は憶えている。遠い授乳の記憶、浅黒い乳房の思い出、そういう心象が、いかにも不快に私の内を駈けめぐった。卑しい野心の点火には、何か肉体的な強制力のようなものがあって、それが私を怖れさせたのだと思われる。

子供に乳を含ませる母の姿。それは聖母マリア像のようにあたたかく、やさしいイメージで描かれることもあるが、『金閣寺』の「私」にとって、「授乳の記憶」や「乳房の思い出」はひたすら「不快」なものでしかない。「慈母」という単語はかぎカッコでくくられ、皮肉な響きを帯びている。

子供を産む母親像は、生命の象徴として神格化され、崇拝されることもある。大地母神は女性であり、旺盛な繁殖力で多産、豊饒を約束している。ところが三島の作品世界では、そうした力はおしつけがましい「肉体的な強制力」でしかなく、母性への嫌悪が女性のセクシュアリティ全般の忌避にまで広がってゆく。

近代能楽集のうち『邯鄲《かんたん》』（一九五〇、昭和二十五年）の一シーンでは、生まれたばかりの我が子を殺すというよりショッキングな形で、出産や母性への疑問が呈示されている。

美女　あら、あたくしたちの赤ちゃんが生れてよ。
次郎　ふん、まるでパンが焼けるみたいだな。

妻に子供が生まれても、主人公の次郎は父親になった感動を表わすどころか、冷ややかなにくまれ口を投げつける。そして、

子供が生れる。こんなまっ暗な世界に。おふくろの腹の中のほうがまだしも明るいのに。なんだって好きこのんで、もっと暗いところへ出て来ようとするんだろう、馬鹿馬鹿しい。僕にはてんでわからない。

と、生命の誕生をナンセンスと否定し、「こうしてやる、こうしてやる!」と灰皿で自分の子を叩き殺してしまうのである。

「子は三界の首枷《かせ》」と言いきった江戸の華奢者たちや、男女の交わりがあるばっかりに、世の中に「姦《かしま》しき赤子《あかご》の声」が響くようになってしまったと嘆く、『男色大鑑』の序言と同じ認識が、ここには表明されている。

華奢者たちにとって子供の存在は、自分を現世に束縛するヤッカイものでしかなかったが、三島のテキストからは、何も好きこのんで「こんなまっ暗な世界」に産んでくれと頼んだわけじゃない、ヨケイなコトをしてくれた、と言わんばかりの、不条理に与えられる生命への

呪詛さえ感じられるのである。
胎児が宿るのはたまたま「母」となる女性の胎内だが、子供ができる過程にはまぎれもなく男性も参画しているのだから、恨みを「母」だけにむけるのは明らかにお門違いである。だが、三島の人間存在への懐疑は、「母なるもの」や、その象徴とみなされる乳房や母乳への嫌悪に結びつき、あたかもそれに対抗するかのように、男が単体で発揮する生命力へのあくなき讃美が育まれる。

私は彼から引き出したのだった。およそ生命の完全さの定義を、彼の眉を、彼の額を、彼の目を、彼の鼻を、彼の耳を、彼の頰を、彼の頰骨を、彼の唇を、彼の顎を、彼の頸筋を、彼の咽喉《のど》を、彼の血色を、彼の皮膚の色を、彼の力を、彼の胸を、彼の手を、その他無数のものを。

『仮面の告白』の「私」の初恋のひと——それは近江という男子学生だった。眉、額、目、鼻、耳、頰、頸筋、胸……これでもかこれでもかという調子で礼讃される近江の肉体美は、「私」にとって「生命の完全さ」を体現していた。体育教師に命じられて懸垂の手本をみせる近江の肉体は、「碇《いかり》の刺青が似合いそうな」力強さで、「私」のみならず、見物するすべての少年たちを圧倒するのだった。

限りなく女に近いことを愛でられていた『男色大鑑』の少年たちとは異なり、三島はいわゆる〝男らしい〟肉体にエロティシズムを感じている。格闘技に強い女性も珍しくない現代では、筋肉美が男性独自のものではないことは自明であるが、三島の求めた究極の男性美は、最終的に男性の身体にしかついていないものへとゆきつく。

私は夏を、せめて初夏を待ちこがれた。彼の裸体を見る機会を、その季節がもたらすように思われた。更に私は、もっと面伏《おもぶ》せな欲求を奥深く抱いていた。それは彼のあの「大きなもの」を見たいという欲求だった。

男女の生殖器にはそれぞれ対応する部分があるといっても、外見的には歴然たる差がある。三島はそこに、男性美のいわばキリフダというべき独自の生命力の発露を求めたのだった。『午後の曳航』(一九六三、昭和三十八年)では、

　塚崎は母と同い年ぐらいだったろうが、陸の男よりもずっと若々しい堅固な躰、海の鋳型から造られたような躰を持っていた。ひろい肩は寺院の屋根のように怒《いか》り、夥《おびただ》しい毛に包まれた胸はくっきりと迫《せ》り出し、いたるところにサイザル・ロープの固い撚《よ》りのような筋肉の縄目《なわめ》があらわれて、彼はいつでもするりと脱ぐことのできる肉の鎧《よろい》を身に着けているように見えた。そして登はおどろきを以て眺めた、彼の腹の深い毛をつんざいて誇らしげに聳《そび》え立つつややかな仏塔を。


と、男性の筋肉美をたたえつつ、陽物神崇拝にも近い心理が表明されている。

　それ自体の存在美を誇る「仏塔」は、生殖という目的に供せられるためのものではなく、つまりメスに対するオスのそれではなく、男だけの美の証明である。男性的であるということは女性を妊娠させることではない、という足穂の言が思いおこされる。

　こうした〝男らしさ〟への憧れは、『仮面の告白』の「私」の肉体的コンプレックスと密接に結びついていた。

　私は蒼《あお》ざめた。私の裸体がその白けた鳥肌に、一種の寒さに似た悔いを知るのだった。

私はうつろな目つきで、自分のかぼそい二の腕にある・みじめな種痘の痕をこすった。私の名が呼ばれた。体重計が、ちょうど私の刑執行の時刻を告げ顔の絞首台《こうしゅだい》のようにみえた。

ひ弱な肉体の「私」は、体格検査で裸になるたびにみじめな気持ちになり、体重を測定する際には絞首台に昇るような「屈辱」をなめねばならない。そんな「私」に無いたくましい近江の肉体は、永遠の憧れであり、恋の対象であった。

男女の恋人は、俗に互いに自分に無いものを求めあうという。もしそれが恋にありがちな形であるとすれば、同性同士の間にも同じ心理が働きうる。「私」の近江への恋は、自分に無いものを求めるという意味では、きわめて〝一般的〟な恋心の動きであったといえる。

二人して「遊動円木からころがり落ちた」時の情景などは、男女のラブ・シーンと同じようにたまらなくロマンチックである。

私はたすけ起された。たすけ起したのは近江だった。彼は私の腕をあらっぽく引摺り上げ、何も言わずに私の服の泥を払った。……彼の腕に凭《もた》れて歩きながら、私の喜びは無上であった。ひ弱な生れつきのためかして、あらゆる喜びに不吉な予感のまじってくる私ではあったが、彼の腕の強い・緊迫《きっ》した感じは、私の腕から私の全身へめぐるように思われた。世界の果てまで、こうして歩いて行きたいと私は思った。

たくましい腕に抱きかかえられて「世界の果てまで歩いてゆきたい」という甘美な陶酔は、りりしい王子サマに〝お姫さまダッコ〟されたいという、乙女チックな夢に通じあう。それは何も、女性が甘んじて男性の庇護を受けるという自己卑下ではなく、男性の中にも生じうる願望なのである。守られることの居ごこちの良さは、男性だって変わらない。女性的なやわらかい肉体に安心感を抱くのが、男性の多数派かもしれないが、「ひ弱な生れつき」の「私」は、たくましい男性の肉体に守られることが無上の喜びなのであった。

こうした〝男らしさ〟は、男が父になったとたん失われてしまう、と三島は考えていた。『午後の曳航』であれほど少年たちの憧れの的であった竜二は、父になろうとしたことでその権威を失墜させられる。

「……父親というものは！　考えてもみろよ。あれは本当に反吐《へど》の出るような存在だ。あれは害悪そのもので、人間の醜さをみんな背負っているんだ」

「父親」という役割を担うことで、男は日常生活のしがらみにしばられ、「英雄」から小市民になり下がってしまうと、主人公の登は叫ぶ。

あしたはこの男の賤《いや》しい手が、日曜大工に凝っている父親の手が、彼自身がかつて或る一瞬にあらわした、この世のものならぬ光輝への小さな一点の通路を、永久にふさいでしまうだろう。

登は、「ほとんど嘔吐《おうと》を催おしながら」父という存在への嫌悪感をつのらせる。江戸の華奢者たちは、女性を現世的しがらみの象徴として排除しようとしたが、束縛するのは母親だけではなく、父親も〝共犯〟なのだと、三島は察知していた。だから父親になった男は、もはや少年の憧れる男ではない——父親と日常性の一体視は三島の世界観において根深く、三島作品に登場する父親たちは、たいていサエない存在である。

『金閣寺』の父親は「病んだ肉の薄い手」を持ち、しばしば咳《せ》き入り、闇米ではないのに白米の握り飯を車中で開くのを恥ずかしがって、周囲に聞こえるように言いわけしながらも、やっとひとつしか食べられない気弱な男である。自分の横で妻が他の男に抱かれていても、黙って見逃すことしかできない。息子である「私」は、こんな父親が死んだ時、少しも悲しみを抱くことができない。

『仮面の告白』の父親はこれほど貧相ではないが、やはり生彩はない。家族の疎開中、父親は「ひねこびた」書生の作る「吐瀉物《としゃぶつ》のような粥《かゆ》」を食べ、留守中にこの男に副食物のストックを食いちらかされている。そして「私にとって、怖ろしい日々」、「あの人間の「日常生活」が、もはや否応なしに私の上にも明日《あす》からはじまるという事実」、すなわち終戦の事実を確実に「私」に伝えるのは、他ならぬ父親なのである。

〝亭主元気で留守がよい〟などと言いたい放題を言われ、父親の権威はゆらいで久しいが、三島は、父親とは本来そのテイドのモノなのだと見極めていたらしい。「家父長」という単語の発散する父親像は厳格で権力にみちているが、三島にとっての実態としての父は、そんなイメージとはほど遠く、退屈で凡庸な、嫌悪すべき「日常生活」の一部にすぎなかった。

男性は一旦父親になってしまったら、陳腐な「日常生活」に組み込まれてしまう——そんな美意識に即して、オゾマしい未来を抹消するかのように、三島の憧れる王子たちは若くして死ぬ。あの『男色大鑑』の少年たちも、「父」になる以前にこの世からオサラバしてしまった。夭折は「父」を拒絶するパーフェクトな手段であった。

いや、男色の交わりに命をかけた少年たちは、たとえ成長しても、「父」の役割からは離脱している。近代の同性愛は、養子をとったり、恒常的パートナーシップを求めたりと、決して日常生活や父性を否定してはいないが、男だけの世界の極致を追求していた江戸の男たち、その末裔たる三島の少年たちは、男の究極の「自由」と「解放」とは何かを模索していたのかもしれない。

第18話　空高く、海の青のごとく爽やかに飛べ　──『仮面の告白』その二

「父」への道を放棄することで、少年たちは〝凡庸な日常〟から逃れ、非日常的な存在の高みへと飛翔できると信じた。飛翔とは文字通り「飛ぶ」ことである。近代少年愛の美学の〝父〟ともいうべき稲垣足穂が、「ヒコーキ野郎たち」（一九六九、昭和四十四年）や「滑走機」（一九二六、大正十五年）といった飛行機についてのエッセイをいくつもものし、空を飛ぶことへのあくなき憧れを語っているのも偶然ではなかろう。

飛行機が来るべき文明の先駆のなかで、最もあざやかなものであるとは一般にみとめられていることだが、それは外形的な方面のみだけであろうか。空中飛行を一言に云うなら、私たちの平面の世界を立体にまでおしひろげようとする努力である。即ち、それに

よって土と水とに住むことができた私たちは、空中にも住むことができる自由な私たちになろうとするのである。

（「空の美と芸術に就いて」一九二六、大正十五年）

大地を離れて空を飛ぶ——それは単なる物理的意味を超え、より自由な境地へと人間の可能性を広げてゆく営為とみなされる。そして男どうしの愛の中にこそ、そうした境地は開けるのだと足穂は説く。

この種の愛を俟ってのみ人は「子供の出産、養育、家庭的雑務、日常事務の平凡さを包含しているところの婚姻関係」を脱して、曾て失った翼を取戻し、神々の天界にまで飛翔し得る筈である。

（「Prostata ~ Rectum 機械学」一九六八、昭和四十三年）

「女は地縛《じばく》天使」（『男性における道徳』一九七四、昭和四十九年）と言いきる足穂は、女性との結婚生活を凡庸なものと見下す江戸の華奢者たちと、全く同じ価値観を抱いていた。女の愛は男を大地に縛るジャマものでしかない。

『仮面の告白』の「私」が、糞尿汲取人の姿に「根の母の悪意ある愛」を感じた時、「糞尿は大地の象徴である」と三島は同時に語っていた。三島もやはり母性、ひいては女性に、男を大地に縛りつけ自由を失わせる「悪意」を感じとっていたのである。

三島や足穂が理想とした境地は、フォン・フランツの論じた「永遠の少年」の世界とも符合する。

永遠の少年はしっかりと大地に触れることがない。現世のことがらに決してかかわろうとせず、空を飛び回って時どき大地をかすめるだけで、着陸地も気まぐれである。

大地とは現世であり、空を飛ぶことはそこから離れること、すなわち〝浮世離れ〟することに通じる。出家したり死んだりして、じきに〝浮世〟からトンデ行ってしまった、あの『男色大鑑』の少年たちの世界そのものではないか。

〝浮世離れ〟しているのは身体のみならず、そもそも少年という存在は、その心も〝浮世離れ〟したものである。

自分の脆《もろ》い、新月のような浄らかさ。自分の無垢《むく》が世界へ張りわたした、あの航空網のような複雑な全体的な触手。

『午後の曳航』の登は、十三歳の少年としての自らの純粋さを心からいつくしんでいる。大人の世界をまだ知らぬ少年は、浮世のケガレに染まらぬ「浄らか」で「無垢」な存在を自負する。だからこそ、何も考えずまっしぐらに、自らの信じる理想へと突き進む。

『男色大鑑』の右京や小輪が、ためらわず愛ゆえの死を選んだのは、彼らが武士道に忠実だったからというだけではなく、とびきり純な「少年」の心を持っていたからだろう。そんな自分たちの純粋さにも、彼らは外見上の美と同じくらい、強烈なナルシシズムを抱いていたに違いない、ちょうど『午後の曳航』の登のように。登が、「成長」することは「腐敗」することだと言いきったように、少年たちは死ぬことで「成長」を拒否し、〝永遠の少年〟になる道を選んだ。

フォン・フランツが、「永遠の少年」は「全一と創造の感覚、生気にみちた感覚」を手離さずにいる「芸術家」である、と述べたように、少年の感性は芸術家の感性にも通じる。『田夫物語』の男色派たちも、あくなき美的生活の探求者として、華奢者の異名をとっていたのだった。

足穂センセイは、こうした美的感受性の鋭さは、空飛ぶ人の感覚だとおっしゃっている。

芸術家のエレメントは感受性にあると云われているが、飛行家の第一要素もそれにかかっている。……ときとして五官にはかんぜられぬ神秘なあるものに対する感覚、即ち第六官とも名づくべき働きを飛行中のかれらのある者がかんずるというのも、人類本能の進歩として注目さるべきことでなければならない。（「空の美と芸術に就いて」）

いわゆる〝芸術的インスピレーション〟は、大地を離れて空を舞う時に感じる「神秘なあるもの」への感覚なのだという。

三島由紀夫の特攻隊への共感も、これで納得がゆく。『英霊の声』の神霊たちは、自分たちの死を「自ら神風となること、自ら神秘となること」と誇らかに語っていた。〝空飛ぶ死〟は少年たちの美的感受性の鋭敏さ、精神の純粋さの最〝高〟の証明であった。

もちろん、現実の戦死はそんなきれいごとではなく、当事者や周囲にとっては悲劇であることを忘れてはならない。それでも、「特攻隊の美」は「超エロティック」である（『太陽と鉄』）という三島は、彼自身の詩的感受性のありかを夢想していたのかもしれない。

三島も足穂も、ウジウジ現世に執着していないで、軽やかにトンデみないか、と誘っている。二人はまぎれもなく、江戸の男色の美学の継承者である。
空は海とトッテモ仲が良い。『仮面の告白』では、空と海との融合が、こよなく詩的な筆致で描き出されている。

夏の午《ひる》さがりの太陽が海のおもてに間断なく平手搏《ひらてう》ちを与えていた。湾全体が一つの巨大な眩暈《めまい》であった。……やがて何ものかがこの緑の母衣《ほろ》のなかで目ざめ・立上った。波はそれにつれて立上り、波打際《なみうちぎわ》に打ち下ろす巨大な海の斧《おの》の鋭《と》ぎすまされた刃《やいば》の側面を、残るくまなくわれわれの前に示すのだった。この濃紺のギロチンは白い血しぶきを立てて打ち下ろされた。すると砕けた波頭《なみがしら》を追ってたぎり落ちる一瞬の波の背が、断末魔の人の瞳が映す至純の青空を、あの此世ならぬ青を映すのだった。——海からようやく露われている蝕ばまれた平らな岩の連なりは、波に襲われたつかのまこそ白く泡立つなかに身を隠したが、余波《なごり》の退《ひ》きぎわには燦爛《さんらん》とした。その眩《まば》ゆさに宿かりがよろめき、蟹がじっと身動《みじろ》がなくなるのを、私は巌の上から見た。

『仮面の告白』の作中、この海の描写ほど繊細で、絵筆で描かれたかのようになめらかにすべっている箇所はない。海の青は空の青を映し、夏の太陽の光を浴びて鮮やかにきらめいている。その青は「此世ならぬ青」、「至純の青」——まるで少年たちの無垢な心の色のよう。「断末魔の人の瞳が映す」という時、空中で神秘と化すと三島が信じた、特攻隊の若者たちの姿も、すでに夢想されていたのかもしれない。

これとそっくり似た情景が、八〇年代のアメリカ文学の中にみいだせる。

ぼくは石塀のあるところまで突っ走った。岩場に立って、海を見た。それから、シャツを脱いで、それを鼻にもっていき、匂いを嗅いだ。まるで薔薇か、新品の靴か、クリスマス・ツリーか、鍋なんかを磨く新品の金属ブラシ〝ブリロ・パッド〟みたいに。でも、それらを合わせたものより、ずっといい匂いだった。ぼくはお気に入りの平たい岩場に行って、そこに体を横たえた。片っぽうの脚の膝を曲げ、そこにもう一方の脚のくるぶしをのせて宙に浮かせ、ミュージックに合わせて、岩についた足でタップをとった。白痴みたいに、にやにや笑って、空を見ながら。

（越川芳明訳）

ジョン・フォックス『潮騒の少年』（一九八四、邦訳一九八九年）。主人公の少年・ビリーは、恋人の大学生・アルとの幸せな一夜をすごした朝、あふれる充実感をもてあますかのように「海岸めざして全力疾走」する。そしてお気に入りの岩場の上から、空と海とを微笑しながら眺めるのである。

昨晩一緒にすごしたアルの残り香に、ビリーは海岸に横たわりながら酔っている。『仮面の告白』の「私」が磯で思いおこすのも、初恋のひと「近江の生命《いのち》にあふれた孤独」であった。

『仮面の告白』の陽光に照らされた浜辺さながらに、『潮騒の少年』の終幕も、太陽と海の光景で閉じられる。

太陽は午後五時の位置に傾いている。もし太陽を背にして海を見たとしたら、ビーチのいろんな色彩《いろ》が揺らめき、空は晴れわたり、ケヴィンの瞳のように澄んだ鮮やかなブルーグレー色だろう。潮は上げ潮。ケヴィンはグリーンとオレンジのビーチパラソルを、乾いた砂場から、退いてゆく波にほど近い濡れた砂地へと移動させようとしている。そこにはいま打ちあげられた貝がちょうど着地したところだ。

（同前）

アルの他に主人公が好感を抱く男子として、エヴァンとケヴィンという双子の美少年が描かれる。晴れわたった空の色は、そのうちの一人、ケヴィンの瞳の色にたとえられている。太陽の光の中でゆらめく空と海は、そのまま少年たちが好意を抱く男性のイメージに重ねられるのである。

イメージが重なるのみならず、『午後の曳航』の場合、少年たちの憧れの男・竜二は「海の男」そのものであった。

「そいつはすばらしい奴なんだ。海から飛び出して来てまだ体が濡れたままの、ふしぎな獣みたいな奴なんだ。」

登は興奮して、竜二の姿を仲間の少年たちに語る。三島の憧れる男らしい筋肉質の肉体は、海の水を得てその艶を増す。『潮騒の少年』のビリーもやはり、恋人・アルが海から上がったばかりの姿を夢に見る。

ぼくは夢を見た。アルが海から水を滴らせて出てきて、バッグから〝エース〟の黒い櫛をとりだして、そこに立っている。水が太腿をつたわってポタポタ落ちている。そばのブランケットの上に肌が小麦色に灼けた、官能的で肉感的な女が片肘ついて寝ていた。かれのほうに腰を投げだし、顔に悲しそうな表情を浮かべて、かれを誘惑しようとしてる。かれは海のほうに視線を向けて、体から水を滴らせ、なんだか考え事をしてるみたいな顔つきで髪をとかしながら、じっと海をにらんでいる。女がいった。「ねえ、あたし妊娠したみたい」

「水泳選手特有のいわゆる逆三角形の体型」をしたアルは、海の水をしたたらせ、文字通り〝水もしたたるイイ男〟ぶりをみせる。彼は「官能的で肉感的」な女性の誘惑をものともせず、じっと海をみつめて立っている。ここには、女性のセクシュアリティに〝惑わされる〟ことのない凛然とした〝男らしさ〟が、海のイメージと共に立ち現われている。堂々としたアルの体軀は、「ねえ、あたし妊娠したみたい」という女性のセクシュアリティの究極のアピールを、無言ではねのける。

海は〝母なるもの〟と称される一方、男のエロスとも結びつく。水浴の場としての海が、男の裸体美をひき立ててくれる演出効果をあげるからだろう。水浴びする女性像はしばしば絵画のモチーフとなるが、男性も裸で水を浴びることで肉体美をきわ立たせる。もっとも男の場合、水は湖や川ではなく、雄大な海がふさわしい。

大きな、野放図もない、暗い、押しつけがましい悲哀でいっぱいの、よるべのない、鯨の背のように真黒で滑らかな、海の潮《うしお》の情念のあらゆるもの、百千の航海の記憶、歓喜と屈辱のすべてを満載した、あの海そのものの叫び声……

（『午後の曳航』）

三島の文学において、海はヒロイックな情念の象徴である。アルが海をにらみながらすっくと立っていたように。あらゆる現世的なるもの、世間的なしがらみを超えた無限の広がりをもつ理想境として、海はある。アルとビリーが夢の中でみつめていた海は、世間的〝常識〟にとらわれたくない彼らの自由な心の象徴であり、海を越えて共有される三島文学の境地でもあった。

しかし、彼らの心は『男色大鑑』の少年たちのように平和なナルシシズムにひたりきってはいられなかった。男と男の恋が公然の慣習であった江戸時代とはうって変わって、社会は少年たちに、女を愛することを強制しようとしていたのである。

ぼくが知っているほかの男たちだって、女にしか興味がないだろうし。かれらにはぼくのことがわからないだろう。最悪の場合は、ぼくを変態呼ばわりして、教室から猛スピードで出ていくだろう。椅子のひとつ、ふたつはひっくり返しながら。

ビリーは、ガール・フレンドを作ろうとやっきになっている同級生たちの中で、不安と孤独にさいなまれる。そして「誰かこのことを打ち明けられる人はいないかどうか」と悩んだ末、理解のありそうな水泳部の先生に思いきって相談してみる。ところが先生から返ってきた答えは、全くビリーを失望させるものだった。

「おまえ、その——学校の精神科医に相談しようって思ったこと、あるか？……精神療法とか、いろんな方法によって変わることもできるらしいじゃ——」

ビリーは先生の言葉を最後まで聞かず、その場を去ってしまう。「どうやったら「治《なお》してもらえるか」なんてことを訊いたわけじゃない」（傍点ママ）と彼は憤然とする。「ぼくは肉体的にどこもわるくないわけだから、おつむだって、脳味噌だって、思ったり感じることだって、変わりないはずだ」と彼は自分に自信をもっている。それなのに〝病気〟扱いされるなんて！　そんな彼の自意識とは裏腹に世間の目は冷たく、「「変態」だの「オカマ」だの「ホモ」だのといろいろ口汚くののし」るのである。

そこでビリーは、何とか女性を愛そうと試みる。そして無惨にも失敗する。

彼女は身を寄せてきた。ぼくは片腕をあげ、彼女の背中にまわし、彼女の肩にふれ、しっかり抱いた。その間、ぼくの目はコンクリートの階段のひび割れに釘づけになっていた。ぼくの手は汗びっしょりで、そろそろ脱出ボタンを押す頃合いだった。ぼくは彼女のほうに顔を向けた。彼女は口をあけ、薄目がちになった。ぼくは唇にキスをした。なんにも感じない。なんにも味がしない。匂いも。なにもかも。ぼくは腕を肩からどかし、立ちあがっていった。

「わるいけど、そろそろ行かなくちゃ」

スーは目を見ひらき、ぐったりとうなだれた。

この一節は『仮面の告白』の一場面と、まるで申しあわせたかのように符合している。

園子は私の腕の中にいた。息を弾ませ、火のように顔を赤らめて、睫《まつげ》をふかぶかと閉ざしていた。その唇は稚なげで美しかったが、依然私の欲望には愬《うった》えなかった。しかし私は刻々に期待をかけていた。接吻の中に私の正常さが、私の偽わりのない愛が出現するかもしれない。機械は驀進《ばくしん》していた。誰もそれを止めることはできない。私は彼女の唇を唇で覆った。一秒経った。何の快感もない。二秒経った。同じである。三秒経った。——私には凡《すべ》てがわかった。

女性と接触した後の少年たちの、空虚感と脱力感。女に興味が持てないとわかった後の焦燥……。それでも『潮騒の少年』のビリーは、自分の生き方への自信を失わなかったが、『仮面の告白』の「私」は不安や動揺をおさえることができず、園子という心やさしい女性と接することで、何とか「正常」になりたいと願う。それが無駄だとわかった後は、「倒錯現象」を論じた西洋の書物を読みあさって、〝ボクだけがオカシイんじゃないんだ〟と自分を慰めているのである。

何というコトであろう。あれほど誇らかに〝男色の春〟を謳歌していた江戸の少年たちとはうってかわって、近代の少年たちは、自分たちが「異常」だとか「倒錯者」だとかいう偏見にさいなまれねばならぬとは！

あれは過去の夢なのか？　やおいやBLで、あれほど嫌っていた女性たちの〝美少年趣味〟に奉仕しているとは、『田夫物語』の華奢者たちが、『男色大鑑』の右京や小輪が、草葉の陰で〝世も末だ〟と涙しているのではあるまいか――。

しかしそれも世の流れである。男たちも〝男だけの小宇宙〟に閉じこもってはいられない。男はスバラしい、と自己満足にひたっていることはもう許されない時代なのだ。

ただ、あの江戸の美少年たちの、海の青さのようにひたむきで誇り高い心と行動の軌跡は、大空に描かれた一筋のヒコーキ雲のように歴史に足跡を残し、そして雲のようにかすかになったのである。

引用・参考文献リスト

『色物語』朝倉治彦解説・校訂、古典文庫一三七、一九五八年
『仮名草子集・浮世草子集』神保五彌・青山忠一・岸得蔵・谷脇理史・長谷川強校注・訳、日本古典文学全集三七、小学館、一九七一年
『古今著聞集』永積安明・島田勇雄校注、日本古典文学大系八四、岩波書店、一九六六年
『葉隠』全三巻、和辻哲郎・古川哲史校訂、岩波書店、一九四〇、四一年
岩田準一編著『男色文献書志』古典文庫、一九五六年
稲垣足穂『稲垣足穂全集』全一三巻、筑摩書房、二〇〇〇—〇一年
井原西鶴『井原西鶴集 一』暉峻康隆・東明雅校注・訳、日本古典文学全集三八、小学館、一九七一年
井原西鶴『井原西鶴集 二』宗政五十緒・松田修・暉峻康隆校注・訳、日本古典文学全集三九、小学館、一九七三年
金子國義『〈青空〉』美術出版社、一九八九年
源信『往生要集』石田端麿校注、日本思想大系六、岩波書店、一九七〇年
松竹座宣伝部編『通し狂言　染模様恩愛御書　細川の男敵討』パンフレット、二〇〇六年

松竹座宣伝部編『通し狂言　染模様恩愛御書　細川の血達磨』パンフレット、二〇一〇年
三島由紀夫『決定版　三島由紀夫全集』全四二巻、新潮社、二〇〇〇—〇五年
デュヴィニョー、ジャン『無の贈与——祭りの意味するもの』利光哲夫・塚原史・石田和男訳、東海大学出版会、一九八三年
『尼僧の告白——テーリーガーター』中村元訳、岩波書店、一九八二年
フィンク、オイゲン『遊戯の存在論』石原達二訳、せりか書房、一九七一年
フォックス、ジョン『潮騒の少年』越川芳明訳、新潮社、一九八九年
フォン・フランツ、M.-L.『永遠の少年——『星の王子さま』の深層』松代洋一・椎名恵子訳、紀伊國屋書店、一九八二年
プラトン『饗宴』久保勉訳、岩波書店、一九六五年
ホイジンガ、ヨハン『ホモ・ルーデンス』高橋英夫訳、中央公論新社、一九七三年

＊引用の際、旧漢字は新漢字にあらため、ルビは適宜整理した。前略・中略・後略は「……」で示した。古典文学は旧仮名遣いのまま、近代文学は新仮名遣いにあらためた。また、古典文学は原文の引用と筆者による現代語訳を場合に応じて併用した（一部、意訳を含む）。翻訳書からの引用は右記の訳文に従った。

あとがき

男色に興味を持ち始めたのは、遊女について勉強し始めてしばらくしてからだった。西鶴の『好色一代男』を読んでいて、

五十四歳までたはぶれし女三千七百四十二人、少人のもてあそび七百二十五人

というごく最初の方の一節にひっかかったのだ。当時名うてのプレイボーイは女性ばかりではなく美少年ともつきあっていたのか。それなのにあまり正面から論じられていないのは何故だろう。美少年には女性にはない魅力があったのだろうか。だとしたらどんな魅力か。素朴な疑問がわきおこってきた。

その後、遊女についての本を出してみると、遊女の存在について女性差別という立場から

反論をされることがままあった。議論がかみあわないのは、人間の性について女と男という二項対立でとらえすぎているからではないのか。私は女性の抑圧という視点からは十分には把えきれない性の売買と芸能（又は〝文化〟と人間がよぶもの）との結びつきの歴史について示したかったのだが、それを理解してもらうには、日本の芸能史上無視できない男色の歴史の研究は不可欠ではないか。そうした問題意識もふくらんで、私の男色への関心は深まっていった。

幸い雑誌『太陽』に連載の場を与えていただき、手さぐりで一回、一回と進んでゆくうちに、いつのまにか十八回を数えることになった。本格的な連載は初めてだったのでオッカナビックリであったが、定額貯金のようにいつのまにか枚数がたまってゆくのは嬉しいものである。

カタカナまじりのやわらかい文章で軽薄だ、と抵抗を示される方もあろうが、私は極力明るく軽い印象で、江戸の男色文化に漂っていたあるホガラカさを表現してみたかった。本文でもふれたように、江戸の男色にも確かに暗黒面はあったのだが、白日にさらされたような明るさこそが、江戸の男色メンタリティーの特質であると思えたからである。

ただしお断わりしておきたいのは、本書で記した世界が決して男と男の愛の世界のすべてではないということである。男女の愛に様々な形があるように、男と男のつきあいの形にもいろいろあろう。江戸の男色派のように、男色の方が女色より純粋で高尚だ、という論法は、容易に逆差別につながる。男どうしの交際が「男色」から「同性愛」という名称に変化した時、「同性愛」者に対する近代的抑圧が働くようになったといえるが、私は現実の同性間の愛のすべてを本書で語りつくしたというわけではない。江戸期に意識的に美的に高められようとした男色という突出した歴史の一面に注目し、その特色をご紹介した次第である。

しかし一面とはいえ、男色派たちの持っていた美学はかなりの部分で、いわゆる〝日本的〟とされる美意識と重なっていることに私は気がついた。散りぎわの桜、白地に赤の日の丸、根底に漂う無常感。〝日本的〟とはある意味で〝男色的〟と言いかえることができるかもしれない。またこのテーマにとりくみながら、私はいつのまにか、人間の精神と肉体の自由とその限界、という問題も考えさせられた。

連載最後の校正を終えたのは桜の散りしく頃であったが、それからはや一年以上が経過してしまった。学位論文の執筆時期と重なったことと、単行本にする際どうまとめようかと悩んだ結果だが、なるべく連載時のテンポをいかすことにした。各回の題名はすべて『太陽』

編集部の秋山礼子さんがつけて下さったものである。彼女の毎回の気のきいた標題で、私は自分が書いたことを再認識し、次回の方向を考えるヒントにもさせていただいた。『美少年尽くし』という題名もいつのまにかついていて（？）、最初はちょっと驚いたが、今ではけっこう気に入っている。

一年半の連載期間中、さらにその後の単行本化にわたって本当によき導き手となっていただいた秋山礼子さん、そして『太陽』誌上に連載の機会を与えて下さった門崎敬一さん、本当にありがとうございました。ミナミのレストランでお二人と連載開始のうちあわせをした日をなつかしく思い出します。また書籍編集担当の久田肇さん、校正の方、毎回可愛らしい挿絵を描いて下さった渡邉良重さん、装幀の藤本やすしさんにも心より感謝申し上げます。

最後になりましたが、この連載をお目にとめて下さり、励ましのお言葉を下さった白洲正子先生にも、この場を借りてお礼申し上げたいと思います。

道頓堀の食い倒れ人形が美少年に見えてくる一九九二年初夏

佐伯順子

平凡社ライブラリー版　あとがき

「少年学入門」、というのが『太陽』の連載予告に掲げられたタイトルであったが、ふたをあけてみるとタイトルは「美少年尽くし」。イケメンという用語もBLというジャンルの名称もまだ存在しなかった当時、二十五年前の編集部の方の先見の明（？）には、再版にあたって著者ながらあらためて驚いている。同性愛や、やおいについての文献も、今でこそ珍しくないが、連載のご依頼に対する男色という私の提案を、一九九〇年という時期にすんなりと認めてくださったことも、思えばありがたいことであった。二十一世紀になって本書が再び日の目をみることになったのは、男どうしの恋という主題への社会的関心が高まった時代の変化の一環とうけとめている。

連載初回は、映画『モーリス』の試写会から書き起こしたが、あまりにレトロな情報なので、この版では割愛した。私が九〇年代はじめに男性同性愛というテーマに着目した理由は初版あとがきのとおりであるが、まだ同性愛についての社会的視線が今よりも厳しかったため、江戸の男色を意識的に明るいものとして描こうとした。あまりに楽天的な書き方であると、当時ご批判をいただいたのはもっともであり、少なくとも現在は、二十年前よりも性の多様性が認められつつある社会になっているので、ことさらに男色の明るいイメージを強調する必要性もなくなったかと思う。私自身の男色の歴史についての分析も、その後の研究過程で変化しているため、この版では表現や内容を手直しした。

特に用語について、旧版では「男色」と「同性愛」が混在していたが、今回は使い分けた。「恋愛」「愛」と「色」についても、厳密には使い分けるのが正しいが、本書では文脈に応じて理解しやすい表現を心がけた。その後の研究を含めた用語の定義や男色の歴史については、『〈男の絆〉の比較文化史』(岩波現代全書、近刊)、「恋愛」と「色恋」の相違については『「色」と「愛」の比較文化史』(岩波人文書セレクション)をご参照いただければ幸いである。ちょうど岩波現代全書の執筆終盤に、思いがけず本書再版のご連絡をいただいたことは、実に不思議なシンクロニシティであった。

本書の校正刷は、初めてのインド出張にも持参し、旅程のあいまに手を入れた。「忝くも天竺にて…」（二七頁）のくだりを現地で確認するのは感慨深く、日本の男色の通俗的起源がはるかこの地にまで求められているとは……と、文化交流の妙を思わずにいられなかった。

高橋睦郎先生からは、初版の刊行時に、ギリシアの少年像が描かれた美しい御手の芸術的なお葉書を頂戴した。このたび高橋先生に解説をお寄せいただいたのは大きな喜びです。本書の潜在的主題である三島的な近代日本との連続性を鋭くご洞察いただき、感謝にたえません。実は私自身の生き方や価値観は、日本社会においてはかなり男性に近い性自認があり、「この人は男だろう」ともし三島先生に間違えられても（!）、うん、と納得してしまいそうである。女子大勤務時代、親しくしていたゼミ生が、「私は男っぽい人間やけど男がすきやから、同性愛や」と言っていた記憶もよみがえり、そのときは、それはまさに私のことでもあると思ったのだった。

平凡社の竹内涼子さんには、想定外の手直しの時間をいただき、大変お世話になりました。心よりお礼申し上げます。初版時にお世話になりましたみなさまも、異動なさったり故人になられたりと時の流れを感じますが、当時、挿絵、装幀をご担当いただきましたみなさまもあわせて、かわらぬ感謝の意を述べたく存じます。

二十年前、在外研究中の米国インディアナに、ロンドンよりタイモン・スクリーチさんからお電話をいただき、日本の同性愛についての学会発表にお誘いをいただいたのも本書初版が契機であり、講演先のオハイオ大学の学生さんが、同大学近くの古本屋さんで入手したと現地でみせてくださったのも、なつかしく思い起こされる。

この方が、現西ミシガン大学のジェフリー・アングルスさん（日本文学・翻訳研究）で、高橋先生や多田智満子さんのお作品などを訳されており、まさに本年お正月三日、日本で高橋先生をお訪ねになっていたという奇跡のようなめぐりあわせもあったとのこと。

〝江戸の美少年〟が結んでくれた時代と地域を超えたご縁に驚き感謝しつつ、本書の二十一世紀の旅を読者のみなさまに託します。

酉の市の熊手の笑みに見守られつつ

佐伯順子

解説――『美少年尽くし』の余白に

高橋睦郎

『美少年尽くし』を再読して、ゆくりなく思い出したことがある。一九六〇年代なかば、マルグリット・ユルスナル著『ハドリアヌス帝の回想』の多田智満子訳が出て一年も経った頃だったろうか。

三島由紀夫さんと会って食事した際、三島さんは同訳の評判を聞いて、遅ればせながら読み終えたばかりの興奮覚めやらぬ体《てい》で、訳文の日本語の見事さを一しきり賞めあげた後、ところでこの多田智満子っていうのは、ほんとうは男だろう、とのたもうたのだ。その半年すこし前の僕の詩集『薔薇の木・にせの恋人たち』の書評がきっかけで、多田さんと親しくなっていた僕は、正真正銘の女性ですよ、だって僕の女友達ですから、と自信をもって否定した。

しかし、三島さんは、いいや男にちがいない、女に男と男のエロティシズムがあそこまで分かる名訳ができるわけがない、の一点ばり。考えてみればこれはおかしな話で、まず原作者のユルスナルが女性であることをどうお考えなのか。とはいえ、食事中の歓談ではあり、そこまでは追及しなかった。

あんまり可笑しいので、多田さんに電話すると、多田さんもいかにも可笑しそうに、それはしかたがないわね、私は少女時代、立川文庫と鶴見祐輔の『プルターク英雄伝』しか読まなかったんだもの。立川文庫に近世美少年録が含まれていたか、鶴見版英雄伝にハドリアヌスとアンティノウスの愛の顚末が述べられていたかどうかは、つい聞き洩らした。

ユルスナルが同性愛者であることはあまねく知られている。しかし、多田さんにその性向はない。とすると、三島さんの言わんとするところは、女子同性愛者であるユルスナルにハドリアヌスとアンティノウスの男子同性愛の機微が分かるのはともかく、そうでない女性にそれが分かるわけがなく、したがって多田智満子は男性か、さもなくば女子同性愛者、それも男役（精神分析学の慣用語を使えば woman with penis）でなければならない、ということだったのか。

では、森茉莉の場合はどうなるのか。三島さん割腹の一週間前、帝国ホテルでの谷崎潤一郎賞・吉野作造賞授賞式後のパーティー席上、五木寛之さんが金井美恵子さんを捜していた。そこに選考委員席から降りてきた三島さんが揶揄半分に、直接五木さんにという感じにではなく、誰だって？　日本に女流小説家は森茉莉のほかはいねえぞ、とうそぶいていた。

ことほどさように三島さんは森茉莉が大のご贔屓だったが、理由はひとえに森さんに『恋人たちの森』『枯葉の寝床』『日曜日には僕は行かない』『或殺人』などの美少年小説があることだった。だからといって、三島さんが森さんの中に woman with penis を見ていたわけではなかろう。森さんはジャン＝クロード・ブリアリとアラン・ドロン二人の俳優が写った写真を核に、これらの摩訶不思議な美少年小説を紡ぎ出した、という。その奇跡のような出来事に三島さんは森さんへの父鷗外の遺響のようなものを感得していたのかもしれない。

多田智満子や森茉莉はさて措き、三島由紀夫自身の美少年的なものはどうなったか。アルバムに見る小学生時代や中学生時代の平岡公威《きみたけ》少年は美少年といえなくもない。それが文学に目覚め三島由起夫を名告るようになると、とたんにひねこびてくる。ひよわな少年が荒若衆になりそこねて、ひね若衆になり下った気味合いなのだ。

もちろん、そこには生得の肉体的脆弱さもあろう。しかし、その敢えていえばしたたかなひねぶりは、文学の毒がまわったとしか言いようがない。それは一面、平岡公威改め三島由紀夫青年がそれだけ文学に深入りした証左でもあろう。こういう時の文学青年の将来の選択は二とおり。一つは自分の醜さに目をつぶっていよいよ文学に打ちこむこと、いま一つは文学などさらりと捨てて健康で凡庸な人生を生きることだろう。

三島青年の生きかたは当面、健康はともかく表面的には昼間に凡庸な人生を生き、夜間に文学に打ちこむことだった。やがて『仮面の告白』がスキャンダル搦《がら》みで認められて文学者生活に入るが、そうなると、ふたたび肉体的劣等感が頭を擡げてくる。そこで彼の跳びついたのがボディー・ビルディングなる米国生まれの人工的な筋肉速成栽培術だった。ジム壁面の鏡と首っぴきでエクササイズに励みつつ、しかし彼のボディー・ビルディングのスポーツとしての正当性への面伏せさは否みようもなかったのではないか。

筋肉の外面的見映えにある程度自信がついたところで、彼は剣道を始める。何年か後には名誉何段の称号を受けるが、もちろん文壇的・社会的名声に授けられてのこと。筋肉が固まってから始めた剣道もまた、ボディー・ビルディングと同じく速成の気味強く、剣士としての動きは固かったようだ。他人に言われるまでもなく、このことは彼自身に痛いほどわかっていたはずだ。

とすると、彼のボディー・ビルディングと剣道を正当化するために必要なものは精神的裏付けだ。そこから天皇制を核とする文化防衛論が立ち上がり、楯の会が結成される。彼の天皇制信仰がどの程度のものだったかは、彼の僕に洩らした、今上陛下（昭和天皇）にはエロティシズムのかけらもない、三田明が天皇だったらこの場で天皇制のために死んでみせる、という戯言に明らかだろう。また楯の会の劇場性はそのお披露目が、彼が理事を務める戯劇《かぶき》の牙城、国立劇場でなされたことによく表われていよう。

結局のところ小説家だった彼の「文化防衛論」の本質を最も如実に現わしているのは彼の小説、とくに『憂国』ではあるまいか。その主人公は昭和十年二月二十六日のいわゆる二・二六事件の折、新婚のゆえに計画を知らされなかった近衛《このえ》輜重兵《しちょうへい》大隊勤務武山信二中尉とその若妻麗子夫人。事件三日後、親友たちが叛乱軍に加入したことへの懊悩と皇軍相撃の事態必至となった情勢への痛憤から中尉は軍刀をもって割腹自殺を遂げ、夫人もまた夫に殉じて自刃を遂げる顚末がプロットだが、じつはこの小説には下敷きがあった。

それはADONIS SOCIETYなる同性愛地下組織から発行されていた雑誌『ADONIS』別冊、『APOLLO』（一九六〇）に掲載された榊山保作『愛の処刑』なる稚拙な小説。その内容は夏休みのある日の夕方、中学生今林俊男が体操教師大友隆吉を訪ねて、同級生田所を雨中に立たせて肺炎を引きおこし死に到らしめた責任を追及し、切腹することを迫る。俊男を愛している隆吉が言われたとおりに切腹すると、俊男は隆吉への愛を告白し、自らも青酸加里《カリ》を服んで折重なって死ぬというのがプロット。作者名の榊山保は三島由紀夫の変名に外ならないことはいまや研究者のあいだで広く知られており、作中の体操教師大友隆吉を近衛輜重兵大隊勤務武山信二中尉に、中学生今林俊男を夫人麗子に変え、稚拙めかした文体を壮麗な文体に変えれば、『愛の処刑』は『憂国』に変身する。そして、それはそのまま昭和四十五年十一月二十五日の日本自衛隊東京市谷駐屯所東部総監室における楯の会隊長三島由紀夫と隊員森田必勝相対死にの構図と重なろう。

二人の相対死にの場面にどんな会話があったか。縛られた総監や他の楯の会隊員を前にして何の会話もなかったろうその空白に、かなりちぐはぐながら『愛の処刑』の生徒と教師の会話を補塡してみよう。

「先生ッ！　ごめんね。僕ウソついてたんだ。ああやつて先生を責めなければ切腹してくれないと思つたんだ。本当は、田所君なんか死んだつてどうだつていいんだ。僕が見たかつたんだよ。僕が先生が、ランニング・シヤツと白ズボンで腹を切るのを見たかつたんだよ。僕、先生が好きで好きでたまらなかつたんだ。先生の体にあこがれてゐたんだ。ゆるしてね。先生、僕のために死んでくれる？」

「いいとも、俊ちゃん、俺は君が大好きだ。田所君よりもつと好きだつた。ただ冷たいので近寄れないと思つてゐたんだ。それをきいてうれしいよ。俺が……ウーム、……俺がこんな毛むくぢやらの腹を切つて、君が喜ぶなら、俺は喜んで死ねるんだぜ」

さて、三島さんがいま生きていて（ただし九十歳の老翁としてではない、割腹した年齢のまま四十五歳の壮年として）本書を読んだら、何と言うだろうか。この佐伯順子っていうのは、ほんとうは男だろう、とは言わないだろう。この男色考には随所に女性ならではの視点からの鋭い分析がある。それは並の男性は思いつきもしない繊細な視点なのだ。そんなことはない、俺だって同じことを考えていたよ、と三島さんなら言うかもしれないが、それは三島さんが並の男性たちとは比較にならない強い女性魂の持主だったからだ。

一九九二年、この著書が単行本として出た折、ご恵贈を忝なくして通読、感銘を受けて礼状をしたためたことは憶えている。しかし、そのことがきっかけで二十年余ののちに平凡社ライブラリー版の解説をおおせつかるなど、思いもよらなかった。本書はいわば日本文化の核心に関わる江戸時代を中心とした男色の諸相への懇切を極めた案内書。そのさらなる案内役は僕にはいささか荷が重い。

そこで苦しまぎれに思いついたのが、著者自身断わっていられる、本書では敢えて避けられている男色の暗い面を、三島由紀夫版「四畳半襖之下張」ともいうべき『愛の処刑』の引用で補うという奇手。著者および読者諸兄姉、筆者の非才に免じ寛宏なお心をもって諒とされたい。

（たかはしむつお／詩人）

平凡社ライブラリー　826

美少年《びしようねん》尽《づ》くし

江戸男色談義

発行日…………2015年2月10日　初版第1刷

著者……………佐伯順子

発行者…………西田裕一

発行所…………株式会社平凡社

〒101-0051　東京都千代田区神田神保町3-29

電話　東京(03)3230-6579[編集]

東京(03)3230-6572[営業]

振替　00180-0-29639

印刷・製本　……藤原印刷株式会社

DTP…………大連拓思科技有限公司＋平凡社制作

装幀……………中垣信夫

ISBN978-4-582-76826-8

NDC 分類番号914.6

B6変型判（16.0cm）　総ページ240

平凡社ホームページ　http://www.heibonsha.co.jp/

落丁・乱丁本のお取り替えは小社読者サービス係まで
直接お送りください（送料、小社負担）。